주민아의 시네마 블루

기억을 이기지 못한 시네 블루스

주민아의 시네마 블루

기억을 이기지 못한 시네 블루스

작가와비평

프롤로그

'서정'도 때가 되면 모래가 되고
'풍경'도 때가 되면 어둠만 남으니
'사유의 공간'에선
모든 게 부질없는 법,

(류석우 시집 『셀브르의 비』 중에서)

지난 초봄, 방콕행 비행기에 몸을 실었다. 전날밤 제대로 잠을 이루지 못했고 목도 따가웠다. 기내의 차갑고 메마른 공기는 손끝을 스치면 베일 것처럼 폐부로 밀려왔다. 만석이 아니어서 다행히 뒷자리에 적절한 자리로 바꾸자 몸도 마음도 제자리를 잡는 듯했다. 그제서야 기내 잡지가 눈에 들어왔고, 기내 영화 프로그램을 확인했다. 아무런 망설임 없이 탕웨이의 〈황금시대〉(2014)를 골랐다. 이전 해 부산국제영화제에서 놓친 바로 그 영화였다.

격동기의 본토 작가와 시인들이 증인처럼 줄줄이 등장해, 샤오홍의 31년 삶을 이야기한다. 본토를 거쳐 홍콩까지 샤오홍이 살며 사랑하며 글을 쓰던 시간과 공간은 봄날의 따스한 아지랑이를 비웃듯, 차가운 빗줄기로 작은 모니터를 가득 채웠다. 마치 중국어를 직역한 듯 나오는 영문 자막은, 샤오훙이 매번 직면했을 사람 '사이'의 '불가사의한' 간극과 애증을 보여 주었다.

그 와중에 내 안의 누군가가 말을 걸어 왔다.

"왜 '기억을 이기지 못한'이라고 부제를 붙였을까?"

"기억을 이기지 못한다는 건, 결국 기억하고 싶은 욕망이고 동시에 시간 위로 모든 게 희미해져 가는 서글픈 섭리를 말하고 싶었던 것 같아."

어쩌면 떠나고, 떠나보내며, 글 쓰고, 소진하는 화면 속 샤오훙이 내게 전해 준 답이었다. 고백하건대, 나는 오늘, 20세기 초 중국의 어느 작가에게 이 프롤로그의 온몸을 빚졌다. 결국 삶의 불가사의는 기억과 기록으로 살아남는다. 나도 그 여정에서 비켜날 수 없는 필멸의 인간이므로, 이 글로써 삶에 또 하나의 대답을 올려놓아 본다.

2015년 4월
수완나품, '황금들녘' 다다르기 전에
주민아

Contents

아시안 블루

Asian blue

Contents

아메리칸 블루

American blue

잉글리시-유러피언 블루
English-European blue

코리언 블루

Korean blue

그들도 살아있기에 영화를 찍고
나도 살아있기에 영화를 본다.
그렇다면 이런 기록을 하나씩 남길 때마다
우리는 삶에 더욱 가까이 가는 것인가.
아니면 삶에서 조금씩 멀어지고 있는 것인가.
「청춘, 상처, 사람, 삶」

영화는 보이지 않는 시간과 내면을
구체적인 모습으로, 우리 앞에 펼쳐주는
마음의 지도임을 이제야 알겠다.
「내 마음의 지도」

어쩌면 우리는···

〈러브 토크〉

"포퍼식으로 말하자면, 오히려 실연이 사랑의 본질이다. 우리가 사랑에 대해서 배울 수 있는 유일한 기회는 실연이라는 사랑의 현실뿐이기 때문이다. 참여하는 것은 곧 실수하는 것이긴 하지만, 실수하지 않고서는 사랑의 문턱에도 닿을 수 없기 때문이다. 사랑은 사랑을 (못)하면서 배울 수밖에 없다. 그리고 현실 속의 사랑은 오직 사랑의 실수밖에 없다. 그 실수가 내용을 채우는 방식으로 사랑은 존재하는 것이니, ···."

『사랑, 그 환상의 물매』(2004)라는 흥미로운 책에 나오는 글이다. 저자는 칼 포퍼의 논리 실증주의 명제를 사랑으로 환원시키는데, 본질을 꿰뚫는 멋진 아이디어였다. 그런데 가만 보니 비겁하게 포퍼를 빌려 순진한 척 사랑의 본질을 말하는 것 같아 마음이 조금 상하고 말았다. 여기서 비겁하다 말함은, 무엇보다 독서 중에 난데없이 사적 리얼리티를 상기시키는 학습을 시켰기 때문이다. 그런데 영화 〈러브 토크〉(2005)는 아무런 망설임 없이 그 학습을 강요하면서 주인공들과 함께 쓸쓸한 도시의 거리를 방황하게 만든다.

〈러브 토크〉의 키워드는 소통이다. 허나 영화 속 어디에서도 속시원한 의사소통 장면을 만날 수 없다. 반대로 주변 배경은 모두 (반)투명체로 서로에게 환하게 열려 있어 매우 인상적이다. 텍스트 전반의 테마를 따라 액션 주변을 순환하는 주체를 주인공이라고 한다면, 〈러브 토크〉의 또 다른 주인공은 바로 공간적 배경이다. 가령, 영신과 지석이 만나는 식당 장면을 보자. 마치 삼각형의 꼭지점에 해당하는 지점에 카메라가 있고, 양쪽으로 인물을 앉혀 놓은 상태로 거리와 식당의 환한 유리가 열려 있다. 그러나 "변한 게 없네"라는 영신의 대사와 지석의 침묵은 그간의 세월만큼이나 길어 보이고, 그나마 뒤늦게 쫓아와 "내 생각 한 적은 있니?"라는 지석의 대사를 듣노라면 '아, 숨 막혀!'라는 탄식이 절로 나온다.

써니는 라디오와 전화라는 간접 소통 수단을 통해 심야 라디오 DJ 영신과 연결되지만, 서로의 상처를 눈치 챈 두 여자는 교묘하게 마음의 울타리를 친다. 한편 써니와 영신의 집은 거실의 투명한 유리들이 바깥세상으로 열려 있고, 둘은 탁 트인 도시의 거리를 운전하며 '작은 자유'를 누린다. 그들의 잠재적 소망을 반영하듯 공간적 배경은 서로 연결되어 있고 열려 있다. 특히 써니, 영신, 지석이 과거와 대면하는 클라이맥스 이후에 각자 홀로 등장하는 고속도로와 바닷가 장면을 거치면서, 소통의 광장으로 조금씩 이동하는 변화가 나타난다.

마침내 써니가 서울로 돌아오기 전, 영신을 만나 지석의 안부를 묻는 장면을 보자. 그들이 만난 장소는 여름이 지나가는 야외카페이다. 두 사람의 심경 변화는 곧바로 공간의 전환을 이루어, 처음으로 사방이 탁 트인 공간에서 상대의 존재를 훑고 지나가는 의미 있는 소통을 하게 된다. 써니는 "나와 타인에게 상처 주는 이기심을 버리고" 딸을 찾아 서울로 가며, 영신은 "차마 갖지 못하고 포기했던 것을 찾고자" 복잡한 상가 안으로 지석을 찾아간다. 즉, "실수를 인정하고, 다시 실수인 걸 알지만 사랑의 문턱에 가 닿는 최선의 노력을 하기 위해" 새로운, 하지만 익숙한 그곳으로 움직이기 시작한 것이다.

어찌 보면 우리 삶에서 낯설고 새로운 건 없다. 〈러브 토크〉의 주인공들도 자유롭게 살기 위해 낯선 곳으로 도피했으나 뒤돌아보니 지난 삶의 흔적들 속에서 허우적대고 있었다. 그 사실을 깨닫는 순간 그들은 다시 '실연'했던 곳으로 돌아가 '실수'를 하면서 '실질적인 삶'을 살아가는 존재로 남고자 한다.

사랑! 그 속에 나는 없고, 사랑을 잃고서야 나를 찾는 이 까칠한 아이러니. 배종옥은 그 아이러니를 표현할 수 있는 멋진 배우이다. 연극 무대에서 내공을 다진 박희순이 연기하는 지석. 그의 살며시 떨리는 어깨와 메마른 눈길은 환상적이다. 계속 발전하는 모습을 보이는 박진희. 그녀가 등장하면서 깔리는 줄리 런던의 노래 'Chances are'가 계속 입가에 머문다.

2006. 7. 11

오히려 실연이 사랑의 본질이다. 우리가 사랑에 대해서 배울 수 있는
유일한 기회는 실연이라는 사랑의 현실뿐이기 때문이다.
참여하는 것은 곧 실수하는 것이긴 하지만, 실수하지 않고서는 사랑의
문턱에도 닿을 수 없기 때문이다. 사랑은 사랑을 (못)하면서
배울 수밖에 없다. 그리고 현실 속의 사랑은 오직 사랑의 실수밖에 없다.

러브 토크
Love Talk, 2005

개요 멜로/로맨스, 드라마 | 한국 | 118분

감독 이윤기

출연 배종옥(써니), 박진희(영신)
박희순(지석)

제작 LJ필름

배급 CJ 엔터테인먼트

청춘, 상처, 사랑, 삶

〈청춘〉

"상처를 받은 사람은 다시 누군가에게 상처를 주는 법이지." 이 말에 담긴 아픔과 허무함! 영화 속 주인공이 아닐지라도 우리는 지금까지 살아온 삶만으로도 그것을 가늠할 수 있지 않을까. 세월의 힘으로 우리는 어느새 영화 〈청춘〉(2000)의 주인공들을 따뜻한 시선으로 바라볼 수 있게 되었다. 다르게 말하자면 그들도, 우리도 그만큼의 세월을 잘 견뎌 왔던 것이다.

영화 속 자효와 수인과 같은 10대 후반과 20대 초반. 어지러울 정도로 아름답던 그 시절에 우리는 어떤 모습으로 살고 있었을까. 아마도 혹자는 공부에, 혹자는 장래에, 혹자는 또 무엇인가에 집중하며 그것 이외의 다른 세상을 피부로 느끼지 못한 채 살았을 것이다. 인간은 우주의 티끌 같은 한 점 존재로 겨우겨우 슬픔을 채우고 쓸쓸함을 감싸 안으며 삶을 이어 간다. 때론 새벽 별빛을 보며, 교회당 종소리를 들으며, 개구리 울음 소리를 들으며 이런 삶의 작은 위안에 감사하면서 생각하곤 한다. 그래, 이것이 내 세상이라고.

〈청춘〉의 주인공들은 눈물을 흘린다. 청춘이란, 사춘기나 성의 문제만 남는 단순한 시기가 아니라, 삶을 순환하는 힘, 에로스와 인간 존재의 핵심이 만나는 중요한 순간이기 때문이다. 그들도 세월이 흐르면 힘겹게 인정할 수 있을 것이다. 그리고 그 시절, 우리의 세상 안에 잠재된 '참을 수 없는 존재의 가벼움' 혹은 '무거움'을 어느 순간 대면하게 될 것이다. 이 영화는 그들이 이 순간을 기다리는 전주곡에 해당한다. 그때가 되면 자효의 소리 없는 외침처럼 비로소 우리가 얼마나 연약한 존재인지를 인정하게 되고 겸허하게 삶을 받아들일 수 있을 것이다.

과연 자효가, 그리고 우리 인간이 죽지 않고 남은 까닭은 무엇일까. 결국엔 삶도 죽음과 별반 다르지 않다는 역설적 이유일까. 마지막에 "미도리"를 불렀던 하루키의 『상실의 시대』(1987)도 "남옥"을 부르는 영화 〈청춘〉도 그 대답을 해 주지 않는다. 하지만 그러면 어떤가. 삶에 똑 부러지는 대답도 없거니와, 이 시절의 혼란은 성장과 동의어가 되는 법이다. 우리는 그 대답을 찾기 위해 계속 살아가야만 한다.

"이제 살아갈 것만 생각해." 그렇다. 살아 있어야 남옥을 부르고, 안고, 사랑하며, 그리워하고 목소리도 들을 수 있다. 남옥은 인간에게 부여된 삶, 그 자체이다.

마음의 병으로 인해 사랑을 거부하고 미래를 회피할 때, 그럴 수밖에 없다는 마음이 들 때, 사랑도 그리움도 숨 쉬는 것도 아무렇게나 되어도 좋다고 여겨질 때, 인간은 가장 외로워진다. 그 외로움을 홀로, 오직 혼자서만 감당하려고 한다. 수인이 삶에 대응하는 방식이 이와 같았다. 물론 그 소용돌이 속에서 그도 나름대로 "살아갈 것만 생각"했을 것이다.

곽지균 감독은 영화를 통해서 젊음의 양가적 감정을 잘 이해하는 듯 소리친다. 자효 역의 김래원과 수인 역의 김정현은 그러한 양가적 감정의 어둠과 밝음을 발산할 수 있는 흔치 않은 배우들이다. 아직 십 대의 티를 벗어나지 못한 김래원이 특유의 풋풋함으로 "나쁘지 않군!"을 연발하는 모습이 인상적이다. 김래원은 앞으로 삶의 내밀한 교차점을 오갈 수 있는 몇 안 되는 남자 배우 중의 하나가 될 것이라고 기대하고 싶다. 사실 그렇게 믿고 싶다. 그러나 김래원의 삶의 리얼리티가 연기 생활에 영향을 줄 것이므로 결과는 지켜보아야 할 것이다. 배두나를 포함해 세 명의 배우는 빛과 어둠의 영역을 동시에 자기 빛으로 연출할 수 있는 매력을 지녔다.

그들도 살아있기에 영화를 찍고 나도 살아있기에 영화를 본다. 그렇다면 이런 기록을 하나씩 남길 때마다 우리는 삶에 더욱 가까이 가는 것인가. 아니면 삶에서 조금씩 멀어지고 있는 것인가.

2007. 2. 5

청춘
靑春, 2000

개요 드라마, 멜로/로맨스 | 한국 | 111분
감독 곽지균
출연 김래원(김자효), 김정현(이수인), 진희경
(윤정혜), 배두나(서남옥), 윤지혜(정하라)
김주령(베르테르 선배), 김재영(서완재)
함신영(하정태)
제작 오은실, 오주현, 남권우 외
연출 차명훈, 이기욱 외

시간에 걸린 욕망

〈시간〉

사는 동안 다들 "시간이 모든 걸 해결해 줄 거야"라는 말 한 마디쯤 한 번씩 하고, 들어 보았을 것이다. 이렇듯 인간에게 시간은 망각과 성숙의 창이며, 동시에 삶의 길이를 잘라 나가는 절대 권력자이다. 어찌 보면 시간의 흐름 속에서 매 순간 드러나는 행동과 감정이 바로 인간의 본질일 지도 모르겠다. "아, 뭔가 새로운 것 없을까?", "아, 그때가 좋았어." 인간은 칠정(七情)의 회오리 속에서 끊임없이 시간을 역행하고 싶은 모험심에 시달린다.

영화 〈시간〉(2006)은 김기덕의 13번째 영화로, 이 모험을 떠난 두 남녀의 실패 혹은 성공을 그리고 있다. 흔히 이 영화를 "사랑하는 두 남녀의 비극"이라고 한다. 그러나 솔직히 나는 이 영화를 보는 내내 속으로 '코미디'를 외치고 있었다. 피에로의 희극과 비극이라고 할까.

영화는 세희가 두 번째 수술을 마치고 나오면서 사진을 떨어뜨리는 장면으로 시작하여 다시 그 장면으로 반복된다. 마지막 장면을 보는 순간, 관객은 매우 혼란스럽다. 지금까지 세/새희(박지연/성현아)와 지우(하정우)의 기이한 삶이라고 믿고 따라왔는데, 영화는 이제 그 바뀐 얼굴의 주인공이 어느 한 지점에 닻을 내리지 못한 우리들, 자의적인 주체라고 경고한다.

어느새 군중 속으로 사라져 도저히 세희의 존재를 눈으로 찾을 수 없는 마지막 장면은 비극적이다. 매번 똑같은 카페, 똑같은 연락선, 똑같은 조각공원, 똑같은 집, 똑같은 옷차림의 자기 반복이 이루어지는 구조 속에서 관객은 안심했었다. '적어도 저건 내 이야기는 아니야!'라고. 그리고 "새로운 사람이 되고 싶다"는 세희의 말과 "사람은 다 똑같지, 뭐!"라는 지우의 말은 최소한의 낭만을 담고 있었다. 그러나 세희가 절망을 품고 군중 속으로 들어가는 모습과 바닷물에 잠긴 조각상에서 울음을 터뜨리는 장면은 묘한 슬픔을 자아낸다.

어느 순간, 그들은 "시간이 지나니까 잘 모르겠어요"라고 실토한다. 도대체 무엇을 모른단 말인가. 목적어를 넣어야 문장이 완성된다. 내 마음의 목적어를 떠올려 보자. 빈 칸을 채우기 위해 혹시 세희처럼 여기저기 서로 다른 눈, 코, 입을 잘라 붙이고 있는가. 진짜 나를 외면하고 찢어 이어 붙인 욕망의 흔적은 웃음과 눈물로 범벅된 피에로의 분장과도 같다. 김기덕은 이전 영화의 오브제를 반복하는 욕망을 숨기지 않는다. 〈나쁜 남자〉(2001)의 관음적인 외눈이 그러하다. 세희와 정우가 이불로 얼굴을 모양 그대로 가리는 모습은 〈봄 여름 가을 겨울 그리고 봄〉(2003)에서 얼굴을 보자기로 싸매고 얼음판 밑으로 떨어져 죽은 여자를 연상시킨다.

성형 사실을 알아 낸 지우와 의사가 술집에서 이야기를 나누는 장면을 보라. 코미디의 결정체다. 두 남자의 진지한 대화는 전혀 마음의 귀를 울리지 못한다. 노여움과 두려움으로 지우는 스스로 무슨 말을 하는지 모르며, 그 감정을 책임지지 못한다. 그 결과 겨우 내뱉을 수 있는 말은 "선생님, 제가 어찌 해야 하나요?" 이 한 마디뿐이다. 이 문장도 목적어가 빠져 있다. 아니, 목적어를 기다리는 물음이다. 그런데 내 삶의 목적어를 누가 채우겠는가? 마지막에 의사는 세희에게 "아무도 못 알아보도록 만들어 드릴까요?"라며 악마의 제안을 한다. 세희에게 이제 '본질'은 없다. 얼굴을 바꾼 지우도 마찬가지다. 그저 그 '본질'을 담보로 한 복사본으로만 살아갈/죽을 수 있을 뿐이다. 자기 사진을 가면으로 얼굴에 쓴 인간! 이게 코미디가 아니고 무엇이랴. 지우의 그림자로 등장하는 몇 명의 남자들과 그들에 대한 세희의 반응은 '나'를 버리고 다시 '누군가'를 찾는 허무한 여정이다. 그 역시 '진짜'가 아니라 '가짜'로만 존재한다. 아니, 가짜의 틀 속에서 진짜를 찾고자 했지만 어느새 그들은 그 경계를 구분할 수 없게 된다.

배우 하정우의 행보가 기대된다. 김기덕은 계속 영화를 만들 것이다. 4월에 14번째 영화 〈숨〉이 개봉을 앞두고 있다. 그는 알고 있다. 시간이란, 결코 인간의 본질을 걸고 대항할 수 없는 '존재'지만, 인간은 끊임없이 '사랑'이라는 이름으로 시간의 축에 욕망을 걸게 되리라는 사실을!

2007. 3. 26

시간이란, 결코 인간의 본질을 걸고 대항할 수 없는 '존재'지만,

인간은 끊임없이 '사랑'이라는 이름으로 시간의 축에

욕망을 걸게 되리라는 사실을!

시간
Time, 2006

개요 멜로/로맨스, 드라마 | 한국 | 98분

감독 김기덕

출연 성현아(새희), 하정우(지우)

제작 김기덕 필름

배급 스폰지

주민아의 시네마 블루

은밀한 힌트

〈아주 특별한 손님〉

이용한의 에세이 『은밀한 여행』(2007)을 읽다 보면 난데없이 좋은 인용 구절을 만난다. 여행의 어귀에서 만난 톰 브라운의 '자연에 미친 사람' 구절이다. "알 수 없는 어떤 것이 걸음걸음마다 자신에 관한 힌트를 떨어트리고 있는 것이다." 이윤기 감독의 영화와 여주인공이 꼭 이와 같다.

의미의 닻을 내릴 수 없는 어떤 것들이 스크린 속에서 무언가 나를 알리는 실마리를 툭툭 던지는 영화. 〈여자 정혜〉(2005)와 〈러브 토크〉(2005)를 거쳐, HD 영화 〈아주 특별한 손님〉(2006)도 분위기와 빛깔이 그대로다. 다만 이 영화를 보고 나면 '아, 어쩌면 뻔히 보라고 스스로 몸을 드러낸 상처와 고통을 읽지 못했었구나.' 자괴감이 든다. 주인공 보경의 정체는 영화가 끝나기 5분 전에야 드러난다. 2시간 내내 진짜로 이 여자가 '명은'일지도 모른다는 압박감에 시달린 건 나 하나뿐일까. 사실 이 영화는 존재하지 않는 명은과 눈앞에 선 보경의 실체를 찾아가는 이야기로도 볼 수 있다.

명은 아버지의 죽음 앞에 가족과 마을 사람들은 가출했던 외동딸 명은이 찾기에 나서고 진짜 딸을 찾지 못하자, 급기야 보경에게 명은 역할을 시킨다. 여자는 주저하며 소극적인 심적 갈등을 넌지시 비추지만 결국 임종 자리에서 연습한 대로 "죄송해요, 아버지"라고 고개 숙여 말한다. 이때 여자의 입술 움직임과 순간 적막감은 스크린을 압도하여, 관객과 주변 인물들 "아무도 이상하게 여기지 않을" 진정성을 발휘한다.

명은을 좋아했던 지호는 초등학교 시절 입맞춤을 떠올리며 명은을 마지막으로 보았던 때를 회상한다. "그때, 그 아이의 표정을 제대로 읽지 못했어요." 결국 명은이 떨어트렸던 힌트를 제대로 헤아리지 못한 그는 미안하다. "그렇게 많이 생각했으면서도 생각하면 할수록, 눈이 녹아서 사라지는 것처럼 걔 얼굴이 사라져 버려요." 보경은 다시 서울로 가는 차 안에서, 낯선 이에게 돈을 받고 몸을 내주는 일을 하며 살아간다고 지호에게 고백하며 숨죽여 운다. "하지만 후회하지 않아요. 내가 살아왔던 틀을 완벽하게 부숴 버리고 싶었으니까요." 자기에 관한 가장 불편한 힌트를 떨어트린 그녀는 의외로 담담하다.

"아무에게나 이런 말 하고 싶을 때가 있잖아요." 이에 지호의 응답은 침묵이다. 아니 잔인하게 한 마디로 응답한다. "이제 명은이 얼굴이 기억나요." 타인의 불편한 진리를 밟고 기억해 낸 힌트! 이제 보경과 명은의 끈은 툭하고 떨어졌다. 보경을 중심으로 하지 않는다면, 이 영화는 죽어 가는 사람을 옆에 두고 펼쳐지는 주변 사람들의 평범한 이야기다. 그 평범함은 살아서 삶을 죽이고 있는 우리들의 모습이다.

그들은 "서로 위해 주는 척 하면서 이간질하고" 상처를 들쑤시며 타인을 조롱한다. 그래서 그들의 대사와 액션은 넘치고 소리도 크다. 반면 대사와 액션이 거의 없는 보경 쪽의 카메라는 시종 느릿하게 움직이며 시간 내부를 들여다보게 한다. 가령, 카메라가 앞좌석에 탄 보경의 뒷머리와 뒷목선의 옅은 움직임을 잡는 장면이나 달빛에 의지하여 보경이 양말을 신고 벗는 장면은 그 자체로 충분한 설명이 된다.

주연 한효주의 대사 처리는 다소 미흡했지만 이윤기 영화의 히로인이 될 만한 낯선 분위기는 존재한다. '걸음걸음마다 떨어트리는' 나의 힌트를 이해하는 이가 정녕 존재할까!

2007. 5. 25

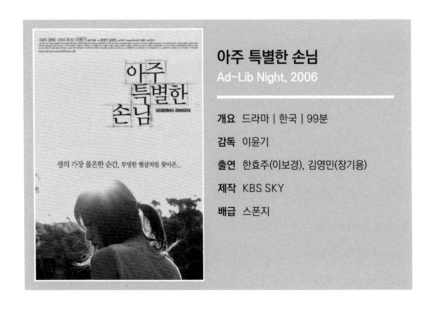

아주 특별한 손님
Ad-Lib Night, 2006

개요 드라마 | 한국 | 99분

감독 이윤기

출연 한효주(이보경), 김영민(장기용)

제작 KBS SKY

배급 스폰지

빛과 어둠이 교차할 때

〈경의선〉

매주 한 번씩 저녁에 서울행 고속버스에 몸을 싣고 4시간 가량 고속도로를 타고 간다. 10년이 넘는 이 여행길에 변함없이 날 반겨 주는 것은 이름 모를 빛과 어둠이다. 까만 하늘 아래로 마치 이 세상에 속하지 않은 듯한 저만치 마을과 길들이 어울려 빛과 어둠의 묘한 모자이크를 만든다. 그들은 이 세상에 빛과 어둠이 생생히 살아 있음을, 그 둘이 서로에게 없어서는 안 될 반쪽임을 절실히 드러낸다. 영화 〈경의선〉(2007)에서는 이와 같은 익명의 빛과 어둠이 교차한다.

까만 정적으로 시작되는 오프닝 크레디트와 함께 약 1분간 굽이굽이 지하철 내부가 스크린을 훑고 지나간다. 이후로도 영화 속에서는 어둠과 빛이 아슬아슬하게 교차하는 지하철 내부와 역사(驛舍)가 굴곡을 그리며 자주 등장한다. 영화의 씨실은 악몽에 시달리는 기관사 만수(김강우)의 플롯에, 날실은 마음의 지난함에 허우적대는 대학 강사 한나(손태영)의 플롯에 기대어 진행된다.

　이 영화에 유난히 자주 등장하는 것이 또 하나 있는데, 바로 계단이다. 서울역, 5호선 지하철, 백화점 등 두 주인공이 지나가는 공간에는 오르고, 내리는 에스컬레이터 계단이 수직으로 등장하면서 이 영화의 씨실과 날실을 물리적으로 형상화한다. 기실 만수와 한나의 스토리는 그들이 남자와 여자라는 사실만큼이나 서로 공통된 점이 없어 보이지만, 영화는 드러내기 어려운 내면의 상처를 오고 가는 공간적 흐름과 빛과 어둠의 교차로써 리얼리티를 극적으로 살린다.

　사실 왜 왼쪽 다리를 절름거리는 을지로4가역 가판대 아가씨가 자살을 감행했는지 관객들은 알고 싶을 것이다. 아니, 그보다 만수와 한나가 그 후로 다시 만났는지가 더욱 궁금할 것이다. 그러나 영화는 현실과 감정이 휘몰아치는 사건의 한복판에서 만수와 한나 두 사람만을 쏙 뽑아 들어, 각자의 내면이 지나가는 공간으로 배치한다. 결국 각자의 공간에서 허우적대던 두 사람은 경의선 열차 안과 임진강역, 임진강역 근처 문산 어딘가 모텔방 안에서 만나고, 그 공동의 공간에서 감정을 쏟는 카타르시스를 경험한다. 만수는 모텔 방바닥에서, 한나는 욕실 안에서 둘의 현실적 공간과 전혀 다른, 낯선 공간 속에서 비로소 그들은 지난 기억을 떠올리며 차마 하지 못했던 말들을 내뱉는다.

　공개된 스틸에 새겨진 그 장면이 이곳으로 향하는 눈발 흩날리는 시골길임을 영화를 보고서야 알았다. 마치 이 세상에 속하지 않은 듯한, 그 눈 내리는 길 위의 두 사람은 이 영화 속에서 가장 편안하고 자연스러운 표정과 동작으로 등장한다. 새로운 삶을 열어 주려는 신의 뜻으로 둘은 이 시간, 이 자리에 함께 하게 된 것이다. 두 사람이 그 길 위에서 헤르만 헤세의 『데미안』구절을 읊은 건 결코 우연이 아니다.

"새는 알을 깨고 나오고 그 알은 세계다. 태어나려는 자는 한 세계를 파괴해야만 한다. 새는 신에게로 날아가고 아브락사스는 그 신의 이름이다." 작품 분석을 통해 아브락사스는 삶과 죽음, 저주와 축복, 참과 거짓, 선과 악, 빛과 어둠, 과거와 미래, 창조와 파괴 등이 한데 어우러진 인간 세상과 그 세상을 운영하는 원리라고들 한다. 신은 만수와 한나가 고통과 상처로 스스로 삶을 중단시키거나 끝없는 방황의 미로 속에서 헤매지 않도록, 은연중에 삶의 실재를 알려 준다. 한나 친구의 대사처럼, 그들은 "산다는 게 구체적으로 변하는" 지점에 진입함으로써, 오히려 존재의 치밀한 존재성을 다시 한 번 확인한다.

〈경의선〉은 2007년 제25회 토리노국제영화제에서 비평가 협회상을, 만수라는 남자를 아름답게 연기한 김강우는 남우주연상을 받았다. 〈태풍태양〉(2005), 〈야수와 미녀〉(2005)에 나온 김강우는 그만의 매력을 분출하지 못하는 아쉬움이 있으며, 흥행한 〈식객〉(2007)도 그를 완전히 보여 주지 못했다. 그러나 〈경의선〉을 보고 나면 그 아쉬움이 해소되는 마법을 느낄 수 있다. 이 영화 속에서 만수, 김강우는 땅 위에 살포시 내려앉아, 옅은 달빛에도 반짝이는 눈송이를 닮았다.

2008. 3. 7

주민아의 시네마 블루

새는 알을 깨고 나오고 그 알은 세계다.

태어나려는 자는 한 세계를 파괴해야만 한다.

새는 신에게로 날아가고 아브락사스는 그 신의 이름이다.

경의선
The Railroad, 2006

개요 멜로/로맨스, 드라마 | 한국 | 107분

감독 박흥식

출연 김강우(김만수), 손태영(이한나)

제작 민영화사 , KM컬쳐

배급 쇼박스(주)미디어플렉스
(주)액티버스엔터테인먼트

명월의 그림자도 분명 어두울 터

〈황진이〉

簫蓼月夜思何事 소 요 월 야 사 하 사	소슬한 달밤이면 무슨 생각 하오신지
寢宵轉轉夢似樣 침 소 전 전 몽 사 양	뒤척이는 잠자리는 꿈인 듯 생시인 듯
問君有時錄妾言 문 군 유 시 녹 망 언	임이시여 때로는 제가 드린 말도 적어 보시는지
此世緣分果信良 차 세 연 분 과 신 량	이승에서 맺은 연분 믿어도 좋을지요
悠悠憶君疑未盡 유 유 억 군 의 미 진	멀리 계신 님 생각, 끝없어도 모자란 듯
日日念我幾許量 일 일 염 아 기 허 량	하루하루 이 몸을 그리워는 하시나요
忙中要顧煩惑喜 망 중 요 고 번 혹 희	바쁜 중 돌이켜 생각함이라 괴로움일까 즐거움일까
喧喧如雀情如常 훤 훤 여 작 정 여 상	참새처럼 지저귀어도 제게 향하신 정은 여전하온지요

송도의 황진이(黃眞伊)가 한양에 있던 소세양(蘇世諒, 1486~1562)에게 전달했다는 7언 율시이다. 여러 자료에 의하면 소세양은 황진이가 유일하게 남자로서 사랑했던 인물이라 한다. 그는 진주 소씨 집안으로 시호

를 문정(文靖)으로 받을 만큼 문명(文名)이 높았다. 황진이는 시(詩)와 사랑으로 삶을 짙게 물들인 멋진 여성이다. 아마도 황진이는 가장 친숙한 역사적 인물 중의 한 사람일 것이다. 그녀를 떠올리면 누구라도 아름다운 시와 그와 관련된 사람들과의 전설 같은 러브스토리도 함께 생각한다.

조선시대에 여성으로, 시인으로, 기생으로 살다 간 황진이의 삶은 영화라는 장르의 욕망을 채우기에 전혀 부족함이 없다. 아니 넘치고도 남는다. 그 황진이를 송혜교라는 배우가 연기한다는 소식이 전해졌을 때, 솔직히 사실이 아니기를 바랐다. 영화 〈황진이〉(2007)는 그렇게 세상에 나왔고, 탄생의 불안한 요소들 때문인지 여지없이 그 영화적/대중적 생명력을 이어 가는 데 실패하고 말았다.

그 가장 큰 원인을 하나만 꼽으라면 난 주저 없이 이렇게 대답하겠다. 적어도 영화 〈황진이〉의 마지막 대사가 "사랑합니다"는 아니었어야 했다고. 황진이의 입에서 고작 "사랑합니다"라는 대사를 듣기 위해 대중들이 그녀를 보러 가겠는가. 오히려 지금 읽어도 알싸한 그녀의 한시라도 낭랑하게 흘러나오는 게 더 나았노라고. 겨울의 금강, 개골산의 설경이 펼쳐지는 그 바위 위에서 차라리 몸을 던지는 리얼한 액션이라도 취했으면 조금은 더 낫지 않았겠느냐고 혼자 되뇌어 본다.

그런데 이 와중에 영화를 보며 난 부지불식간(不知不識間)에 눈물을 흘렸다. 아, 정말이지 미처 예상치 못한 그 눈물 앞에서 당황스러웠다. 도대체 〈황진이〉의 무엇이 나로 하여금 낙루(落淚)하게 했을까.

송혜교의 황진이는 한 마디로 '죽음'이었다. 대개 황진이를 떠올리면서 자연스럽게, 아니 자동적으로 연상되는 화사하고 붉은 이미지는 없다. 영화 속 황진이의 의복과 거처는 철저하게 어두운 검정색으로 처리된다. 물론 붉음, 푸름도 분명 있으나 지나고 나면 결국 그녀가 늘 몸에 걸치고, 공간을 꾸미는 색상은 어둠 그 자체이다. 하물며 놈이(유지태)가 어린 진이를 업고 연등 거리를 지나가는 장면이나, 유혹을 위해 교방 거리에 걸어 놓은 찬란한 등(燈)마저 상(喪)을 알리는 불처럼 보인다. 놈이가 화적 떼가 되어 산중으로 숨어야 했을 때, 온 밤을 지새우면서 파지(破紙)를 내고 거문고를 껴안은 황진이가 입은 옷도 아래위로 칠흑처럼 어둡다. 괴똥이(오태경)를 구하기 위해 사또(류승룡) 앞에 몸을 누이던 그녀의 머리 장식, 속치마조차 온통 흑단처럼 까만색이었다.

단 한 번, 놈이가 효수(梟首)되기 전날 밤 감옥으로 그를 찾아가는 황진이는 미색의 단아한 옷과 옥가락지를 걸친다. 그 옷을 입고서 토로한다. "이 잔은 내 남은 삶을 당신께 바치겠다는 마음의 잔입니다." 이것이 죽음의 합환주(合歡酒)가 아니고 무엇이랴.

그녀는 종의 여식(女息)이라는 출생의 비밀을 알고, 교방(敎坊)에 나아가기로 결정했을 때 생모의 무덤 앞에서 "별당아씨 진이도 같이 묻었다"고 했다. 그리고 사또의 수청(守廳)을 들기 위해 집을 나가면서 "진이도 버렸는데 명월이를 버리지 못하겠냐"고 했다. 결국 그녀의 삶은 모든 걸 버리고, 죽이는 과정일 뿐이다. 이런 면에서 서화담과 나눈 영혼의 대화는 이런 황진이의 삶의 양상을 잘 드러낸다. "너를 힘들게 하는 것은 삶에 연연하는 이기적인 마음이다." "그 마음을 버린다면 세상을 알 수 있습니까?" "세상 모두가 너와 하나임을 깨닫게 될 것이다. 그것이 진리요, 너의 참 모습이다."

명월(明月)은 깜깜한 밤에 더 잘 보이며, 달 밝은 밤은 파르스름한 기운마저 감도는 칠흑빛이다. 황진이는 명월이로 살면서 이미 자기 삶의 원리가 밤과 어둠에 있음을 온몸으로 느꼈을 터. 송혜교의 〈황진이〉는 이 어둠과 죽음의 미학을 시각적으로 구현하고, 주제의 톤을 설정했다는 데에 작으나마 의미가 있다. 영화제에서 의상, 조명, 촬영상을 받은 〈황진이〉의 이력이 그것의 기술적 의의가 된다. 그러니 어둠과 죽음 앞에서 떨어뜨리는 눈물이야, 그리 수선스러울 게 없다고 자위(自慰)해 본다.

2008. 8. 22

황진이
Hwang Jin-yi, 2007

개요 드라마 | 한국 | 141분
감독 장윤현
출연 송혜교(황진이), 유지태(놈이)
제작 씨네2000, 씨즈엔터테인먼트
배급 시네마서비스

그 남자의 구토

〈방문자〉

얼마나 많은 길을 걸어야만 참된 인간이 될 수 있나?

얼마나 많은 바다를 건너야만 흰 비둘기는 모래 속에 잠들 수 있나?

얼마나 더 많은 포탄이 날아가야 영원히 사라질까?

얼마나 더 많은 귀가 있어야만 사람들의 울부짖음을 들을 수 있나?

얼마나 더 많은 죽음이 있어야 큰 희생을 치렀음을 깨닫게 될까?

얼마나 더 살아야 인간은 참된 자유를 얻게 되나?

사람들은 언제까지 못 본 척 외면하고 살아갈 수 있을까?

친구여, 그 대답은 바람 속에 흩날리고 있다네.

1966년 발표한 밥 딜런의 노래 'Blowing in the wind'를 우리말로 옮겨 본다. 고통, 고독, 부조리, 모순, 전쟁, 자유, 평화 등 인간 세상을 훑고 지나 가는 다양한 형태의 절실한 의미가 이 노래 안에 전부 담겨 있다. 때론 이렇게 예상치 못한 순간에, 저 밑바닥에 숨어 있던 복잡한 정서의 칼날이 우리의 폐부를 찌르고 간다. 영화 〈방문자〉(2005)의 끝부분, 주인공 호준이 느릿한 기타 반주에 맞춰 이 노래를 우리말 가사로 부를 때, 그 칼날과 마주쳐 당황스러워하는 우리를 만날 수 있다.

호준(김재록)은 "포주"라고 치부하는 대학으로 "몸을 팔러 다니는" 보따리장수 영화과 대학 강사이다. 이혼 후에 맞은 겨울 방학 동안 자취를 시작한 호준의 생활은 마치 갈기갈기 찢긴 현실을 맨몸으로 부대끼는 깡마른 눈사람의 형국이다. 어느 날 그는 좁은 욕실 안에 갇혀, 알몸으로 차가운 타일 바닥에 고꾸라진 채 거의 하루를 보내고 구출된다. 이때 그의 모습은 영화와 철학, 사회와 믿음을 논하는 형이상학적 인간의 형상이 아니라, 무기력한 살덩어리일 뿐이다. 카메라는 시종일관 외과의사의 메스처럼 차갑게 사물을 내려다보는데, 인간 호준도 프레임 안에서 사물의 위치로 내려앉고 만다. 욕실에 갇힌 호준을 구해 준 사람은 여호와의 증인 신자로 "진리의 말씀을 전하러" 다니는 계상(강지환)이다.

이미 한 번 퇴짜를 맞고도 이 집을 다시 찾은 계상은 "정녕 하느님의 인도를 받은 듯" 호준을 구한 후, 너무도 달라 보이는 두 남자의 삶이 상호 교차된다. 처음엔 계상이란 인물이 현실의 굴레에 밟혀 제 갈 길을 못 찾는 호준을 구원하기 위한 장치처럼 보인다. 그러나 대학원생인 계상이 1년간 과외를 했던 학생의 어머니로부터 "그런 종교를 숨기고 딸을 가르친" 괘씸죄로 과외 자리에서 잘렸다는 말을 하고, 호준이 아들의 이야기를 내뱉음으로써 둘의 소통은 점점 상호보완적 관계로 전환된다.

너무도 달라 보이는 두 남자의 삶은 택시 안에서 벌어진 싸움 장면에서 하나의 지점으로 수렴된다. 라디오에서 미국 부시 대통령의 2기 취임 기사가 흘러나오자, 먼저 탄 중년의 남자 손님은 세계 평화와 한반도 정세를 운운하며 "신앙이 있고 힘이 있는 사람이 있어야 질서가 생기고 이 세상이 평화롭게 돌아가는 것"이라고 밝힌다. 이라크전과 조선시대 참수까지 나오면서 욕설이 오가고, 택시 안에서 때아닌 난투극이 벌어진다. 싸움을 말리고 도로에 앉은 계상은 "나 그날까지 형과 함께 할 거야"라고 말한다. 그리고 호준을 데리고 아버지가 돌아가신 후 한 번도 고향을 떠나지 않은 어머니를 뵈러 가평으로 향한다. 어머니는 생일을 맞은 아들에게 미역국을 슬며시 건네지만, 계상은 기념일을 챙기지 않는 신앙 때문에 국을 옆으로 옮겨 놓는다. 이에 호준은 어머니의 정성을 외면한 계상을 나무라며, 계상의 신앙에 대해 처음으로 '판단'과 '평가'를 가한다. "형도 저희가 이단이라 생각해요?"라는 질문에 호준은 계상에게 자조(自嘲)와 우울(憂鬱)이 담긴 시선을 보낸다.

신앙과 사회, 개인의 자유와 집단의 원칙이 어지럽게 곡선을 그리는 이 장면. 우리는 비로소 '안에서 잠겨 버린 욕실에 갇힌' 그들의 현실을 어렴풋이 알게 된다. 바로 다음에 흐르는 밥 딜런의 노래에 위로를 받을 즈음, 계상이 양심적 병역 거부로 재판을 받는 장면이 따라 나온다. 여기서 무려 4분 18초 동안 단일 숏으로 계상의 최후 진술이 흐른다. 카메라는 인물을 한가운데에 놓는다. 관객은 그의 말을 진지하게 경청할 수밖에 없다. 그의 연설은 서로 다른 삶과 사랑의 방식에 대한 최소한의 이해를 구하고 있다.

법정을 나온 호준이 오르막길에서 길을 멈추고 구토함으로써, 벽장 속에 갇힌 부조리한 고통과 고독을 털어 낸다. 이 짧고도 강렬한 장면은 이후 환골탈태한 그의 외모로 표출되고, 아들과 함께 계상을 면회하는 자리에서 "이제, 내가 널 꺼내 줄게"라는 인사말에서 절정을 이룬다. 두 사람이 앞으로 어떤 길 위에서 하늘을 바라보며 삶의 자유를 노래하고 세상의 공포와 전쟁을 아파하며 살아갈지, 언제까지 소외와 외면의 경계에 서 있을지 알 수 없다. 하지만 한 가지, 두 사람이 서로에게 하늘과 비둘기가 되어, 아픔을 듣고 어루만지는 귀와 손을 놓지 않을 거라는 확신이 생긴다. 바람에 흩날리고 모래에 파묻혀도, 우리는 이렇게라도 숨을 쉴 수 있음이다.

2008. 10. 10

방문자
Host & Guest, 2005

개요 드라마 | 한국 | 91분

감독 신동일

출연 김재록(주인, 호준), 강지환(방문자, 계상)

제작 프라임엔터테인먼트, LJ필름

배급 CJ 엔터테인먼트

　　　CJ 엔터테인먼트

그 남자의 세한도

〈아내의 애인을 만나다〉

언젠가 썰렁한 극장에서 김기덕의 〈섬〉을 보고, 얼마 되지 않아 홍상수의 〈오! 수정〉을 연달아 보았다. 결론부터 말하자면, 나는 김기덕의 손을 들어 주었다. 조악하고 경박하고 파괴적인 네거티브 질감이지만, 〈섬〉에는 일정한 결이 살아 있었다. 경박한 현실을 도려내지만, 스스로 그 경박함을 애꾸눈으로 빈정거리는 듯한 홍상수의 스타일보다 그냥 대놓고 두 눈 부릅뜨고 치부를 드러내어 자기 식으로 치유해 보려는 유치한 김기덕이 더 낫다는 판단이었다.

영화 〈아내의 애인을 만나다〉(2007)를 지켜보면서 어느 순간, 이 영화는 김기덕과 홍상수가 접근하지 못한 어딘가로 향한다는 느낌이 들었다. 물론 '했느냐, 안 했느냐'를 따지는 비겁한 수컷들의 유치찬란한 담화가 펼쳐지는 마지막 장면에서 홍상수 식의 애매한 자기변명이 느껴져 적잖게 실망하긴 했다. 그럼에도 사실상 이 영화가 억압당한 자의 타락한 지위에 대해서 끝까지 연민의 눈길을 보내지 않는 점에선 유쾌하다.

영화는 줄곧 태한(박광정)이 마음 놓고 소심한 짓거리를 하도록 멍석을 펴 주지만, 이와 똑같이 상대 남자 중식(정보석)에게도 대담한 짓거리를 하도록 똑같은 크기의 멍석을 쫙 펴 준다. 관객은 그 멍석 주변에 모여 그들의 경박한 행동과 말을 지켜보면서, 그 누구에게도 감정이입을 하지 않는 반(反)영화적 경험을 하게 된다.

보기 드물게 유쾌하고 신선한 이 영화의 시도 앞에서, 툭툭 터지는 웃음을 참기 어렵다. 태한이 아내와 바람 난 중식의 택시를 대절하여 서울에서 낙산까지 가는 길에 벌어지는 에피소드의 초점은 그들의 수컷 근성이 어떻게 다른가, 하지만 결국 같다는 아이러니를 보여 준다. 희롱과 주정을 오가며 능수능란하게 사람을 다루는 중식 앞에서 태한은 그의 전화기를 뺏어 멀리까지 걸어가 심중에 담은 말을 토로하는 자기 모습을 상상하기에 급급하다.

주유소 뒤켠 철장에 갇힌 수탉을 바라보는 태한의 모습이 어느 순간, 수탉의 시점에서 도리어 철장에 갇힌 수탉 신세가 된 태한으로 변하는 장면은 그의 현실을 가장 잘 드러내는 시퀀스이다. 태한은 결핍된 남성성의 흔적을 찾아 나선 돈키호테와 같다. 아내의 남자에게 분노를 느낄 여유도 없이, 매 순간 자신의 결핍과 충족되지 못한 욕망을 떠올리면서 그 남자를 관음증적으로 바라본다.

밤길 술에 취한 태한이 스쿠터를 모는 중식의 뒤에 타서 더 세게 달리라고 말하며 허리를 껴안는 장면이 나온다. 그 순간, 태한은 중식의 남성적 욕망을 소망하면서 대등한 남자의 자리에서 물러나 그 욕망을 역으로 충족할 수 있는 여성적 위치로 옮겨 앉는다. 이 불가능해 보이는 태한의 욕망은 중식의 아내 소옥(조은지)을 만나 함께 밤을 지냄으로써 우회적으로 충족된다.

여기서 여성적 위치란, 전형적으로 포지티브 여성성을 존중하지 못하고 가부장적 남성적 욕망 아래서 네거티브 쾌락을 전전긍긍 유지하는 열등한 위치를 가리킨다. 중식의 아내 소옥이 "언제 이 남자가 떠날지 모르는 지옥에 산다"고 고백했을 때, 그것이 바로 열등한 여성적 위치이다.

그런데 이 자리에서조차 태한은 소옥에게 울먹이는 목소리로 "복 받으실 거예요"라고 말하는데, 남성적 맥락과 욕망의 차원에서 철저하게 소외되는 그의 모습을 다시 한 번 확인할 수 있다.

아내가 떠난 그해 크리스마스, 태한 앞에 중식이 나타나 소옥과의 일을 따져 물으며 큰소리를 낸다. 이때까지도 관객은 혹시나 하는 마음으로 태한의 행동과 말을 지켜보게 된다. 카메라는 태한이 주머니에서 손을 빼지 않고 주섬주섬 계속 뭔가를 만지는 모습을 보여 준다. 그것은 바로 태한이 심중에 담은 말 다 삼키고 가장 흔한 욕설 하나 새겨 넣었던, 첫 장면의 바로 그 도장이었다. "했느냐, 안 했느냐?" 적반하장 따져 묻는 중식 앞에서 태한은 아무 말도 못하고, 결국 탄로 날 거짓말로 스스로 무덤을 판다. 그 도장의 날인을 받아야 할 자는 바로 자기 자신임을 눈치 챈 것일까.

꽤 영악한 이 영화는 끝까지 태한의 입장을 전혀 배려하지 않고, 또 한 번 물먹은 이 남자 앞에 버젓이 수탉을 등장시킨다. 두 명의 덜 떨어진 수컷들에게 보내는 진짜 수컷의 메시지를 가늠하기란 그리 어렵지 않다. 국도 내리막길로 굴러 내리던 수박이 렉카 밑으로 시뻘겋게 속살을 드러내며 짓

뭉개지는 장면은 주인공들의 결말을 상징적으로 보여 준다.

찬바람 이는 풍치와 아내의 바람 앞에서 몸을 굽힌 태한이 앉은 자리 앞엔 찬바람에도 꿋꿋한 소나무가 서 있는 추사의 '세한도(歲寒圖)' 사본이 걸려 있다. 세상의 고독과 인생의 허망 앞에서도 기개를 잃지 않고, 여백을 새긴 선비의 사무친 문인화와 풍자적으로 병치된 21세기 한 남자의 뒷모습이 오래도록 남는다. 그 남자의 겨울은 결코 따스하지 않았으리라.

2008. 10. 17

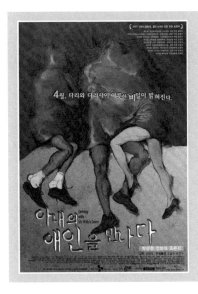

아내의 애인을 만나다
Driving With My Wife's Lover, 2006

개요 코미디, 드라마 | 한국 | 90분

감독 김태식

출연 박광정(손님 태한), 정보석(택시기사 중식)
조은지(중식의 아내)

제작 필름라인

배급 CJ 엔터테인먼트

꽤 괜찮은 에로스

〈싸이보그지만 괜찮아〉

그리스 신화의 우주 창조설에 따르면 태초에 우주는 혼돈, 카오스(chaos)로 만물의 원천이 되는 모든 물질들이 뒤섞여 있었다. 이것이 통합, 코스모스(cosmos)로 진화하는데 그 내부 원리는 에로스(eros)이다. 이 단어의 어원과 의미에 대해 논하려면 끝이 없겠지만, 일단 천지창조의 원리가 '사랑'의 힘이었고 '상향적 갈망 상태'였다는 것은 분명하다. 영화 〈싸이보그지만 괜찮아〉(2006)를 보는 동안 이런 기제들을 떠올린 건 우연이었을까. 특히 예상치 못했던 마지막 장면은 마치 태초의 혼돈과 조화가 꿈틀거리는 어느 지점, 혹은 아담과 하와의 실/낙원을 연상시키기에 충분했다. 박찬욱 감독도 언론을 통해서 이 영화가 '사랑'에 관한 이야기라고 언급한 적 있다. 어차피 소설과 영화 등 인간의 창조물은 우주의 창조를 본떠서 '사랑'이라는 축을 가운데 두고 벌어지는 혼란과 갈등, 통합의 순환 구조를 보인다. 단, 이때 그들은 역시 창조주를 모방하여 이전의 사랑과 티끌만큼이라도 '달라진' 사랑, 즉 '보기에 좋은' 형상을 만드는 작업을 원한다.

영군(임수정)과 일순(정지훈)은 이름부터 의미심장하다. 영군의 '영'은 숫자 0이다. 0은 말 그대로 '무(無)'이지만 그렇다고 아무 것도 아닌 건 아니다. 그리고 숫자의 시작이기도, 끝이기도 하다. 이는 빈틈 같아 보였지만, 실제로 복잡다단한 물질 세계였던 카오스와 같다. 일순의 '일'은 숫자 '1'을 상징하고, 그것은 '하나'로 일치·통합하는 것을 의미한다. 즉, 영군이라는 카오스를 하나로 통합한 일순의 사랑은 우주 창조의 '에로스'와 같은 역할을 한다. 그리고 영군 뒤에 붙은 '군'은 대개 '남성'을 지칭하는데 이는 일순의 '순'이 주로 '여성'을 지칭하는 것과 좋은 대조를 이룬다. '군'과 '순'이 각각 남성과 여성을 상징하는 기표라면, 영군과 일순에게 그 기표가 거꾸로 기입된 사실이 더욱 흥미롭다. 굳이 플라톤의 『향연』을 언급하지 않더라도, 그들은 원래 한 몸이었던 존재의 끌림으로 세속적·천상적 사랑을 나눈다. 그 사랑이 타인에 대한 관심과 연민으로 시작하여 마지막에 육체적 결합까지 이루어지는 양상은 에로스를 구현하는 매우 모범적인 구조라 할 수 있다.

일순은 이유 없이 사고치고 훔치고 인간적 배려가 사라진, 소위 '안티소셜(antisocial personality disorder)' 환자이다. 그런 일순이 영군에 대한 동정심을 느끼면서 사랑은 시작된다. 그가 밥을 에너지로 전환시키는 자동 장치를 영군에게 달아 준다고 연기할 때, 굶어서 바짝 마른 그녀의 등을 보며 눈물 흘리는 장면이 있다. 이후 의사 앞에서 눈물을 흘리며 "동정심을 느낀다"고 고백하면서, 그는 굴레를 벗고 사랑과 치유의 길에 들어선다.

그래서 엄마 사진이 붙은 상자를 영군을 위해 개조해 줄 수도 있고, 나중엔 영군이 할머니를 위해 파묻은 손수건 속에 그 상자를 파묻고 나서 용서하지 못한 엄마의 환영에서 자유로워진다.

기본적으로 영군의 병리 증상은 할머니와 어머니로 이어지는 가족력에서 기인한다. 상흔을 촉발시킨 사건은 영화 내내 파편적으로 제시되고 후반부에 영군의 목소리로 완전한 사건으로 밝혀진다. 자기를 쥐로 착각하고 무만 먹어 대는 분열증 환자 할머니를 위해 라디오를 만들어 주었던 영군. 어느 날 엄마와 이모는 그 라디오를 뺏고 할머니를 정신병원에 집어넣는다. 이후 영군은 라디오를 할머니와 자신을 이어 주는 소통 장치로 착각하고 할머니를 데려간 의사와 간호사 "하얀 맨"을 죽이는 상상을 한다. 라디오를 빼앗기지 않기 위해 영군은 스스로 전기충전이 가능한 '사이보그'로 자기 정체성을 정립한다. 즉, 사라진 할머니 혹은 자신에 대한 동정심과 박탈감, 소통의 결핍을 이기지 못하고 이런 판타지를 세운 것이다. 그 판타지 속에서 영군이 없애야 할 것은 "동정심"인데, 일순에게 그것을 훔쳐 달라고 부탁한다. 그러나 안티소셜 환자인 일순에게 "동정심"은 반드시 회복해야 할 요소이다. 둘은 서로의 결핍과 부재를 채우면서, 사랑이라는 여정에 들어서고 천둥과 번개가 치는 요란한 카오스 속에서 육체적 결합까지 이룬다. 이제 그들에게 정신병적 분석과 치료는 무의미하다.

이 영화가 흥행에 실패했다면 그건 당연한 결과다. 좋고 나쁨, 잘 되고 잘못 되었음을 떠나 임수정과 정지훈의 기묘한 사랑 이야기쯤을 예상한 관객들에게 이러한 에로스의 구조는 별로 재미없었을 것이다. 또 감독은 관객에게도 동정심과 소통을 무진장 요구하고 있기 때문이다. 실제로 105

분이라는 짧은 시간에도 불구하고, 일순이 동정심을 느끼는 75분 무렵까지 낯설음에 대한 지루함도 있다. 끝으로 궁금한가요, 내 반응이? 이 정도면 꽤 괜찮아!

2007. 7. 20

어차피 소설과 영화 등 인간의 창조물은 우주의 창조를 본떠서 '사랑'이라는 축을 가운데 두고 벌어지는 혼란과 갈등, 통합의 순환 구조를 보인다. 단, 이때 그들은 역시 창조주를 모방하여 이전의 사랑과 티끌만큼이라도 '달라진' 사랑, 즉 '보기에 좋은' 형상을 만드는 작업을 원한다.

싸이보그지만 괜찮아
I'm A Cyborg But That's OK, 2006

개요 드라마, 멜로, 코미디 | 한국 | 105분

감독 박찬욱

출연 정지훈(박일순), 임수정(영군)

제작 모호필름

따뜻한 손길로

〈고양이를 부탁해〉

2001년 춘사대상영화제 '올해의 여우주연상'은 세 명의 배우가 공동수상했다. 영화 〈고양이를 부탁해〉(2001)의 배두나, 이요원, 옥지영이 그 주인공들이다. 그 외에 몇몇 권위 있는 영화제에서 이들은 주연상과 신인상을 휩쓸었고 이에 질세라 정재은 감독도 수상에 가세했다. 그러나 정작 개봉관이 부족해 관객들에겐 관람 기회가 없었고, 영화를 아끼는 관객들이 함께 보기 운동을 펼치기도 했고, 영화의 배경이 된 인천의 관객들은 자발적으로 모임을 만들어 재상영을 추진하기도 했다. 자, 젊은 여성 연출가와 배우들이 빚어낸 이 작은 작품이 어떠하기에 비평가와 관객의 마음을 순식간에 사로잡았을까?

일단 이 영화는 그저 그런 최루성 멜로나 자극적인 화면으로 눈길을 사로잡는 여성(주의를 가장한) 영화가 아니다. 갓 고등학교를 졸업하고 각자의 환경에 처한 주인공들이 하나같이 일종의 비주류 '아웃사이더'라는 점이 제일 큰 특징이다. 이 귀여운 아웃사이더들이 애틋한 존재를 자각하는 모습과 그 편린들이 감정에 크게 흔들리지 않은 채 전개되었으니 과히 연출력과 연기력의 승리하고 할 만하다.

태희, 혜주, 지영은 "인천에서 제일 좋은 여상"을 졸업한 소위 절친한 친구들이다. 셋 중에 가장 현실적인 걱정이 없어 보이는 태희는 졸업하고 1년 동안 부모님이 운영하는 찜질방에서 월급 한 푼 받지 못하고 카운터를 본다. 그녀에게 유일한 삶의 의미는 뇌성마비 시인 친구의 시를 타이핑해 주는 일이다. 아버지는 "자기 앞가림도 못하는 주제에 허튼 짓이나 하고 다니는" 딸을 못마땅해 하고, 딸은 자기 방을 열쇠로 잠가 놓고 자기만의 세상에서 살아간다. 그녀는 이 세상을 자유롭게 유영하는 게 꿈이다. 그래서 선원을 구하는 광고를 보고 "나도 배를 탈 수 있을까요?"라고 물어 보기도 한다. 마침내 태희는 짐을 꾸리고 가족사진에서 자기 얼굴을 잘라낸 뒤, 1년치 월급을 훔쳐 집을 나간다.

셋 중에 가장 그럴듯한 증권사에 취직한 혜주는 부모가 정식이혼을 하자 서울로 이사를 가고 증권사 대졸 사원과 선배들의 잔심부름을 하면서 하루하루를 보낸다. 팀장은 다른 고졸 사원들처럼 야간대학에 다니지 않고 현실에 안주하는 혜주에게 "언제까지 저부가가치 인간으로 살아가겠느냐"고 말한다. 자신을 늘 지켜 주는 어린 남자친구를 인정하지 않으면서 다른 대졸 남자직원들의 환심을 사려던 혜주는 마침내 남자친구의 어깨에 몸을 기댄다.

셋 중에 가장 어려운 환경에 처한 지영은 근래 보기 드물게 아픈 캐릭터이다. 인천 달동네, 금방이라도 내려앉을 듯한 판자지붕 아래에서 몸져

누운 할아버지, 늙은 할머니와 함께 살아가는 지영은 공장이 문을 닫아 실직한다. 동네 아주머니에게 파출부 자리라도 괜찮으니 취직을 부탁하면서도, 태희에게 돈을 꾸어 신형 핸드폰을 구입하는 천상 20살 아가씨이다. 어느 날 친구들과 함께 밤을 새우고 돌아온 지영의 눈앞엔 폭삭 무너져 내린 집과 거기에 깔려 돌아가신 조부모님의 시신만 남는다. 분노와 충격으로 경찰의 조사에 불손하게 응하는 바람에 감옥에 가게 되지만 태희와 면회한 후 마음의 중심을 찾는다. 마침내 출소하는 날 기다리던 태희와 함께 긴 여행을 떠난다.

이 영화의 사회적 시선은 지영이라는 인물 한 곳으로 수렴된다고 해도 과언이 아니다. 지영의 고통은 그녀의 도움을 받지 못하면 금방 죽어 갈 새끼 고양이 티티로 형상화되는데, 이 고양이가 차례대로 혜주와 태희에게 갔다가 그들의 또 다른 친구 비류와 온조 쌍둥이에게 귀환하는 점이 이채롭다. 새끼 고양이, 추운 바깥에서 까치발로 서서 따뜻한 세상의 창문을 들여다보고 있는 그 모습은 바로 이 세 여성의 처지와 같다. 그들 주변을 둘러싼 환경과 정서는 은연중에 그들을 기준선 바깥으로 내몰아 내는 데 급급할 뿐이다. 그들에게 따뜻한 손을 내밀고 마음을 보듬어 주는 존재는 '친구'라는 이름의 물리적 존재가 아니라 '친구'라는 본질적 속성이어야 한다. 본질 차원에서 태희의 자유로운 영혼이나, 혜주의 계산적인 태도나, 지영의 곤궁한 처지는 그저 껍질에 불과하다. 하지만 그게 현실이다.

그 현실에 단 하나, 빛이 있다면 새끼 고양이를 쓰다듬어 주듯이 그 껍질을 사랑스럽게 보듬어 주는 손길이다. 누구라도 이 영화를 보고 나면 누군가의 따뜻한 손을 잡아 주거나 어깨를 빌려

주고 싶다. 태희와 지영의 여행이 불안해 보이지 않는 이유도 그들에 대한 따뜻한 믿음―미약한 희망―때문이다. 정재은 감독의 다른 작품 〈태풍태양〉(2005)은 청년들의 이야기다. 꿈과 현실, 성장과 고통이라는 경계에 선 그들의 이야기도 참으로 신선하고 아름답다. 이 두 영화는 가을과 낙엽처럼 주제와 캐릭터가 연결되어 있으니 함께 보면 좋을 것이다. 11월 첫 주, 이들과의 만남이 설레고 고맙다.

2007. 11. 2

고양이를 부탁해
Take Care Of My Cat, 2001

개요 드라마, 코미디 | 한국 | 110분
감독 정재은
출연 배두나(유태희), 이요원(신혜주)
　　　 옥지영(서지영)
제작 영화사 마술피리
배급 워너 브러더스 코리아(주)
　　　 시네마서비스

이 남자가 사는 법

〈사랑〉

검푸른 하늘 아래, 그 막막한 절벽 위로 한 남자가 걸어간다. 이 순간부터 1분 35초가 흐른 후 그는 절벽을 향해 몸을 던진다. 그가 몸을 던진 순간, 스크린은 정지한다. 이 순간부터 1분 34초 동안 정지된 화면은 마치 얼어붙은 듯 그대로 서 있다. 그러나 그 삶을 선택한 남자의 지독한 사랑에 관객의 마음은 불타오른다. 이윽고 독특한 서체의 타이틀 '사랑'을 시작으로 엔딩 크레디트가 올라가자 클라이맥스로 치달았던 관객의 마음도 서서히 하강하여 품었던 눈물이 가슴을 타고 흐른다.

약 3분 10초로 이루어진 제법 긴 라스트 신과 그 정지 화면은 영화 〈사랑〉(2007)이 순전히 사랑, 그것만을 위해 오롯이 존재한다는 사실을 알려준다. 세상 사람들이 그것을 사랑이 아닌 다른 이름으로 부른다 해도, 결국 그것은 '사랑'이라는 투명한 가치를 드러내려는 불투명한 언어적 시도일 뿐이다. 추상적 가치란, 그 자체의 이름으로 존재하지만 어떤 구체적인 행동이나 말로 실현시키지 않으면 도저히 알 수 없는 공기 같은 것이다. 자유가 그렇고, 윤리가 그렇고, 평화가 그렇다. 심지어 경제적 생산성이란 가치조차 그러할진대, 사랑이야 말해 무엇하랴. 인호(주진모)의 선택을 두고 사랑이 아니라면, 그 어떤 가치로도 설명하지 못할 것이다. 물론 이런 생각도 해 본다. 그가 살아남았다면 어떠했을까. 어쩌면 인호는 앞으로 남은 삶이 지리멸렬하고 애통하기 그지없을 것임을 너무 잘 알기 때문에, 일련의 비극적 현실 앞에서 가장 확실하고 깨끗한 도피처로 죽음을 선택했는지 모른다.

"여자는 순간이다. 가지마라"고 말하는 유 회장(주현)에게 인호는 이렇게 답한다. "저는… 아닙니다. 어르신." 그에게 미주(박시연)는 여자가 아니라 영원이며 생명이며 자기 존재를 지탱해 온 존재의 핵이며 진리이다. 그것이 사라진 지금, 그에겐 더 이상 삶의 에너지를 운용할 의미가 없으며, 또 다른 선택으로 삶을 연장시킬 명분이 없다. 인간 삶의 에로스가 완전한 대상을 만나 합일할 때, 그것은 가시적으로는 맹목적 관계로 변하고 궁극적으로는 죽음만이 남는다. 인간은 사랑과 욕망의 대상을 차례로 전치하면서 살아간다. 그래야만 삶을 지탱할 수 있다. 그러나 단 하나의 대상만을 진리이자 선으로 생각한다면, 더 이상 물러날 길이 없다. 결론은 존재하거나 존재하지 않거나, 둘 중 하나다. To be or not to be! 순교자들이 그러했듯이, 그들은 결코 사랑의 궁극적 대상을 부정할 줄 모르는, 아니 부정하지 않고 영원히 긍정하려는 의지로만 살아간다. 그래서 기꺼이 죽음을 껴안을 수 있다.

이 영화는 통속적인 멜로와 폭력의 구조가 교묘하게 얽힌 또 하나의 통속 영화임에 틀림없다. 하지만 언젠가도 말했지만 사람의 삶과 사랑은 원래 그렇게 진부하고 통속적이다. 세상을 벗어나는 건 사람의 영역이 아니기 때문이다.

또한 사랑은 그 원형적 구조를 공유하는 특성이 있다. 〈사랑〉에서 가장 슬픈 현실은 치권(김민준)의 거짓말 때문에 미주가 세상을 버리고, 그 때문에 다시 인호가 미주를 따르는 그 순간이다. 왜 미주는 그때 이성을 발휘하여 기다리지 못했을까라는 질문을 던진다면 이것 역시 합일의 판타지에 빠진 연인들이 공통적으로 저지르는 실수라고 대답할 수밖에 없다. 이는 『로미오와 줄리엣』의 장면과 유사하다. 가사 상태에 빠진 줄리엣이 진짜 죽은 줄 알고 목숨을 끊는 로미오. 다시 깨어나 보니 기다리던 연인이 죽은 걸 보고 줄리엣이 스스로 삶을 마감하는 상황을 기억하는가.

곽경택 감독에겐 이야기를 영화답게 창조해 내고, 무엇보다 영화를 선명한 플롯을 갖춘 이야기로 만들어 낼 줄 아는 재능이 있다. 어린 시절 딱 한 번의 애틋한 감정이 결국 삶 전체를 송두리째 뒤흔드는 이 억세게 재수 없는 남녀 앞에서 관객들과의 소통을 이루어 냈으니 연출과 각본의 승리라고 해야 맞다.

거기에 이 사랑의 판타지를 제대로 구현한 비극적 주인공 주진모의 연기에 박수를 보낸다. 감정에 빠진 상태로 허우적대지 않을 절제가 필요했던 인호 역할을 온 몸과 마음으로 연기한 주진모. 무엇보다 그의 눈빛과 연기엔 〈와니와 준하〉(2001)에서 봤던 진정성이 아직 살아 있어서 좋다. 연기 자체로만 본다면 지독한 악역을 맡은 김민준의 활약이 압권이다. 어눌하기만 했던 드라마 이미지는 온데간데없고, 진짜 그 캐릭터로 변신하였다.

문득 영화 〈물랑루즈〉(2001)에서 남자 주인공 크리스틴(이완 맥그리거)이 보헤미안 혁명의 가치를 실현하기 위해, 즉 "진리, 아름다움, 자유, 아니 그 무엇보다 사랑"에 관한 글을 쓰기 위해 왔다고 밝히는 장면이 떠오른다. 그러고 보니 이 영화는 저작권 공시까지 다 올라간 엔딩 크레디트 마지막에 이 문장을 추가함으로써 감독은 다시 한 번 그것을 강조한다. "이 이야기는 진리, 아름다움, 자유, 허나 무엇보다 사랑에 관한 이야기다." 〈물랑루즈〉의 바즈 루어만 감독은 1996년 배우 디카프리오를 로미오로 재창조했던 바로 그 사람이다. 치명적인 사랑의 묘약에 취하고픈 인간의 판타지를 고전과 혁명의 가치로 연결하는 그의 연이은 시도는 꽤 중독성이 있다.

그렇다면 오늘 16세기 베로나의 연인 로미오와 21세기 부산의 연인 인호 앞에서 줄리엣의 대사로 화답하고 싶다.

"혹시 독약이 아직 그의 입술에 묻어 있다면, 생명의 묘약처럼 날 천국으로 보내 주겠지(Perhaps there's still some poison on them, to make me die with a medicinal kiss)."

2008. 2. 15

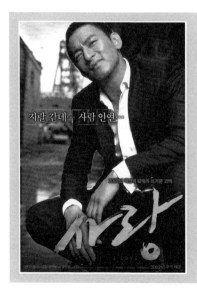

사랑
A Love, 2007

개요 액션, 드라마 | 한국 | 104분
감독 곽경택
출연 주진모(채인호), 박시연(정미주)
　　　　주현(유 회장), 김민준(치권)
제작 진인사필름, 태원엔터테인먼트
배급 롯데엔터테인먼트

내가 서 있는 곳

〈가족의 탄생〉

사실 〈가족의 탄생〉(2006)이라는 제목에 미적지근한 진부함을 느끼지 않을 사람은 별로 없을 것이다. 어느 인터뷰에 의하면 처음엔 선경 역할의 공효진도 감독에게 제목이 불만스럽다고 말했었다고 한다. 당대 최고의 연기파 배우들을 한곳에 불러 놓은 힘에 비하자면, 국내 흥행은 그야말로 참패였다. 그러나 그리스에서 열린 제47회 데살로니카 영화제는 대상에다가 파격적으로 고두심, 문소리, 김혜옥, 공효진, 정유미 등 출연 여배우 전원에게 여우주연상을 안기며 영화에 대한 찬사를 아끼지 않았다. 지난해 영평상, 부산영평상도 모두 〈가족의 탄생〉이 휩쓸었다. 과연 이 영화는 멋지다. 기차 안에서 경석이 채현에게 "낯선 남자한테 항상 이렇게 친절해요?" 하고 물어보는 첫 장면부터 마지막 엔딩 크레디트와 함께 어른 채현이 꼬마 채현 옆으로 옮겨 앉는 플랫폼 장면까지 하나도 버릴 게 없다. 이 영화는 작은 번데기와 같은 타이틀에서 탈피하여 캐릭터와

극적 갈등이 살아 숨 쉬는 멋진 나비로 탄생한다.

영화는 크게 세 개의 에피소드로 구성되며, 결국 에피소드의 주인공들은 서로가 일종의 관계 속에 들어 있음을 알게 된다.

첫 번째 에피소드. 정작 애인은 제쳐 두고 남들 일에만 신경 쓴다며 "네 옆에 있으면 외로워 죽을 것 같다"고 칭얼대는 경석. 그의 엄마는 전 남편과 사별 후 여러 남자를 만나다 유부남에게서 경석을 낳았다. "정이 많아 헤픈 여자"로 일찍 돌아가신 엄마와 그 엄마를 닮아 가는 누나 선경을 바라보면서 경석은 결핍과 배려의 이중적 갈등을 겪는다. 누나 선경과 엄마 매자는 두 번째 에피소드의 주인공이다. 그러면 경석의 애인 채현은 누구인가. 왜 선배의 아들을 찾아 주느라 애인과의 저녁 약속에 늦고, 남의 부탁을 거절하지 못하는 어른으로 성장했는가? 채현에겐 두 명의 엄마가 있는데, 낳아 준 엄마가 아니라 모두 길러 준 엄마들이다. 채현은 큰엄마 무신의 전 남편 딸이다. 무신은 20년 연하인 미라의 남동생 형철과 함께 미라의 집으로 들어온다. 그러나 무능력하고 무책임한 형철은 꼬마 채현으로 인해 갈등이 생기자 집을 나간다. 여기까지가 세 번째 미라-형철-무신 에피소드이다. 채현은 아마도 세상에 친절과 배려를 빚지고 있다고 생각한 것 같다. 그래야만 다시 버림받지 않고 두 명의 엄마를 유지할 수 있기 때문이다.

경석과 채현의 현재를 기본으로 깔고서, 영화는 각 인물들이 처한 인간관계의 그물망 속에서 히스토리를 하나씩 끄집어낸다. 무엇보다 그들은 독립적으로 존재하는 것이 아니라 누군가의 동생, 누군가의 누나, 누군가의 딸, 누군가의 엄마, 누군가의 연인 등 '관계'로 정의되는 것이다. 그 '관계'는 채현이라는 프리즘을 통해 통과될 때 가장 큰 스펙트럼을 형성한다.

아무런 혈연관계 없이 그녀는 무신의 딸로, 미라의 조카이면서 딸로, 형철의 딸로 등장하며 경석의 연인으로 존재한다. 경석 역시 엄마 매자와 누나 선경의 존재를 담은 또 하나의 프리즘이다. 마지막에 춘천까지 채현을 따라온 경석은 얼떨결에 두 명의 엄마 무신과 미라를 만나 무신의 생일 축하를 하면서, TV에 나온 누나 선경의 합창단 공연을 본다. 두 개의 프리즘이 만나자 세 개의 에피소드는 마치 원래 하나였던 것처럼 완성되고, 그 만남의 스파크는 춘천 하늘의 불꽃놀이로 은유된다.

영화는 그들의 만남과 '관계'에 윤리적 입장이나 선악 비판을 전혀 취하지 않는다. 그것은 유구한 시간의 흐름 속에서 인간이 존재의 점을 찍는 관계의 형성, 바로 역사이기 때문이다. 특히 여성들이 상처와 갈등을 싸매는 주체로 등장하여 구체적인 역사를 형성한다는 측면에서 〈가족의 탄생〉은 〈안토니아스 라인〉과 〈귀향〉과도 유사하다. 이 영화들에서 상처와 갈등 해결은 구세주나 절대자 신의 힘이 아니다. 그들은 바로 그 관계 속에서 힘들지만, 아프지만, 그럼에도 결국 서로를 받아들인다. 우리 인간은 모두 부족하고 잘못할 수 있는 완벽하지 못한 존재가 아닌가. 서로 보듬어 살아가는 것. 실은 이 점이 신이 우리에게 주신 이중적인 축복 혹은 굴레일 것이다.

2007. 4. 9

경석: 사람들이 왜 미워하는지 아세요?

채현: 이해하지 못하니까요.

…

경석: 책이건 사람이건 더 이상 이해할 게 없어진다는 거.

그건 진짜 권태로운 거라고요.

가족의 탄생
Family Ties, 2006

개요 드라마 | 한국 | 113분

감독 김태용

출연 문소리(미라), 고두심(무신), 엄태웅(형철)

공효진(선경), 김혜옥(매자), 봉태규(경석)

제작 블루스톰

배급 롯데쇼핑롯데엔터테인먼트

롯데엔터테인먼트

세월은 기억을 이기지 못하고

〈종려나무 숲〉

지난 1월 거제에서 숨이 멎을 듯한 바다를 보고, 아스라한 가로등 불빛을 보고, 몽돌을 찾으며 별 헤듯 스쳐가 버린 시간을 세웠다. 여자 셋이서 저마다 기억 하나씩을 집어 올린 그 순간, 그리움은 이렇게도 오는 걸, 내 나이가 알려 주었다. 세월이 만들어 준 그리움.

영화 〈종려나무 숲〉(2005)은 그렇게 세월이 빚어낸 그리움으로 가득 찬 영화이다. 그 그리움 속엔 말 못한 사연들이 피를 토하듯 하늘거리고, 그 그리움 속엔 말로 표현했던 사연조차 갈 곳을 정하지 못하고 흩날린다. 결국 우리는, 우리를 고스란히 받아 줄 그 어딘가를 향해 끊임없이 우리를, 소진시키고 있는 것이다. 영화의 배경인 거제와 강릉은 굽이굽이 바다 숲길을 따라 과거와 현재 시점을 이어 준다. 그 숲길은 차마 지우지 못하는 사랑의 약속과 그 약속에 허물어지듯 '나'를 묻는 기대가 세월의 길이만큼 휘어져 있다.

이 영화의 시공간 삼중 액자구조는 다소 혼란을 일으키는데, 이는 몇몇 평론가에 의하면 유상욱 감독의 '미스터리' 취향과 관련 있다. 그러나 이 구조는 첫째, 어머니 시대의 아픔, 둘째, 반복한 딸의 상처, 셋째, 과거 상처를 이겨 낸 사랑의 완성까지 이야기를 자유롭게 이동시키기 위한 장치로 봐야 한다. 건축 설계사로 당당하게 현재를 살아가는 화연의 책상 위 할머니와 엄마의 사진이 클로즈업되는 장면. 다행스럽게 혹은 예상한 대로 인서와 화연은 과거를 액자에 남겨 둔 채 현실을 꿈처럼 이루어 낸다.

그런데 결말에 앞서 영화는 인서 앞에 다른 여자, 성주가 등장하는 긴장 상태로 시작함으로써 관객의 혼란은 가중되고 감정이입은 방해 받는다. 그럼 모두가 기대하면서도, 뻔히 알고 있는 현재란 무엇인가. 한 번쯤 사랑을 놓치고 떠나올 수 있으니 그만 잊고 현실로 내려오라? 아니다. 현재란 바로 과거의 반복이며, 어떻게 반복하느냐는 당사자의 선택과 집중의 결과이다. 마지막 장면, 강단에 선 인서에게 그 선택의 결과를 들을 수 있으며 이 말이 끝나는 순간 성주는 일어서 나가고 대신 울고 있는 화연이 스크린에 잡힌다. 즉, 성주는 미스터리를 풀어 가는 과정에서 모든 사실을 들어주는, 듣기의 주체로 필요했던 것이므로 역할을 끝내고 사라진 것뿐이다. 과거 세대의 이야기가 뜬금없이 서울내기 변호사 인서에게 전달된 것도 같은 이치이다. 즉, 과거 상처를 제대로 기억하고 말하는 단계가 없다면 치유는 불가능하다. 이 영화는 바로 그 단계에서 관객을 향해 '말하기와 듣기'를 호소하고 있다.

"종려나무 한 그루를 주곤 돌아오지 않은 언어의 마술사가 되지 않기 위해선 시간이 필요했던 것뿐입니다. 그녀를 사랑한다는 확신이 들었을 때

다시 그 바닷가를 찾아갔습니다. 하지만 어머니가 세상을 떠난 후 그녀는 할머니와 함께 다른 바닷가로 이사를 갔다고 합니다. 종려나무의 기억을 다 지워 버리기 위해. 오늘 그녀에게 꼭 하고 싶은 말이 있습니다. 그렇게 지워 버린 종려나무가 사랑으로 다시 돌아왔다고."

감독은 어머니의 험난한 삶을 직접 쓰고 아름답게 영상화했다. 세월이 주는 선물! 그런데 감독은 과거와 현재를 모조리 설명하고 이해시키고 싶은 남성적 충동을 끝내 버리지 못한 것 같다. 인서의 마지막 대사는 낭만적이고 감동적이지만, 냉정하게 깎아내리자면 '변명'이 아니고 무엇이랴. 나는 당신 엄마를 버린 최 선장과 다른 남자가 되고 싶었다고, 그래서 떠났지만 돌아왔노라고. 더구나 이 지점에서 화연의 모습은 꽤 삭제되어 있다. 물론 어떻게 살았는지 짐작할 수 있으나, "종려나무를 없애버리겠다"는 대사 한 마디로 화연의 시간을 다 보여 주기엔 양적인 면에서도 야박하다. 모든 결정적인 사실들이 인서의 '말'로 편집되어 있을 뿐, 화연은 '말'하지 않는다.

마음을 사로잡는 김민종과 김유미의 눈빛은 영화의 전체 톤과 잘 맞아떨어진다. 뒤끝을 야무지게 닫는 김유미의 경상도 사투리 대사가 듣기에 좋으며 조은숙의 연기도 훌륭했다. 아름다운 영화의 아픈 소리, '종려나무 숲'으로 가 보자.

2006. 6. 2.

여자 셋이서 저마다 기억 하나씩을 집어 올린 그 순간,

그리움은 이렇게도 오는 걸, 내 나이가 알려 주었다.

세월이 만들어 준 그리움.

종려나무 숲
The Windmill Palm Grove, 2005

개요 드라마 | 한국 | 108분

감독 유상욱

출연 김민종(인서), 김유미(화연/정순)

내 마음의 지도

〈사과〉

내가 가지 않은 길에 대한 미련과 아쉬움을 말할라치면 누구라도 하늘 한 번 바라보며 긴 한숨을 내쉬지 않을까. 반드시 그 길을 갔었어야 했다는 짙은 후회 혹은 그리움. 하지만 시간 앞에 유한한 인간의 속성에 비추어 본다면 그건 어쩌면 필연적인 반추의 과정일 것이다. 가끔 인간이 겪는 모든 부조리와 모순과 아픔과 상처를 이렇게 시간이라는 대타자에 다 몰아 버리는 게 무책임한 기분이 들기도 한다. 하지만 사람이 이 세상에서 살아간다는 건, 결국 내가 살아갈 시간을 스스로 줄여 가는 과정이니 시간도 별수 없이 존재의 투정을 받아 낼 수밖에 없을 것이다.

영화 〈사과〉(2008)에는 그 시간 속에 갇혀서 돌고 돌았지만 결국 제자리에 서게 된 남녀들이 나온다. 혹자는 그 여자와 그 남자를 향해 심중에 박힌 쓰린 말 두어 마디 쏟아 낼지도 모른다. 저 여자가 어떻게 저럴 수 있지, 저 남자는 왜 저 모양이지, 쟤들은 도대체 왜 저런 거지. 그런데 그 여자,

그 남자, 그들이 바로 이 세상을 살아가는 보통의 남녀들이다.

오랜 연애를 끝내려는 남자의 목소리가 들린다. 그런데 카메라는 그 남자의 옆얼굴, 뒷모습, 어깨만을 타이트하게 잡으며 마치 그가 없는 듯 뿌옇게 처리하고, 대신 어이없는 표정의 여자 얼굴만이 도드라진다. 그리고 이어지는 남자의 대사, "내가 점점 없어지는 것 같아." 아픔은 잠시, 그들은 지금까지 살아왔던 대로 또 살아간다. 그동안 남자는 공부를 그만두고 취직했고, 여자는 딴 사람을 만나 결혼하고 아이를 낳았다.

시간이 흘러 그 남자 민석(이선균)이 한 아이의 엄마로 이혼의 위기에 선 그 여자 현정(문소리)에게 말한다. "그때는 사랑하는 법을 잘 몰랐던 것 같아. 가만 보니 나는 나를 더 사랑했던 것 같아. 그래서 그때 도망친 것 같아"라며 마음을 연다. 이에 현정은 답한다. "나는 지금까지 열심히 사랑해 왔다고 생각했는데, 정말 열심히 노력한 적은 없는 것 같아. 미안해." 그들은 이제야 각자의 내면으로 들어가 '나는 누구인가'에 대해 일말의 답을 찾은 것 같다. 내가 흘려보낸 시간이 불어난 눈덩어리처럼 갑자기 밀려와 마구 질문을 던진다. 너 어떻게 살아왔느냐고.

물론 이런 내면의 흐름은 마치 시간의 흐름처럼 우리 눈에 보이지 않기 때문에, 막상 그 순간이 닥치면 당황스럽기만 하다. 그래서 "내가 왜 이렇게 됐니. 이건 아닌 것 같다"고 말하는 현정의 얼굴도, 과거 이별을 고백하는 민석의 얼굴도 메마르고 초초하기만 하다. 또한 이혼의 진짜 이유를 모르냐는 다그침에 "너 나 싫어하잖아"라고 말하며 눈물을 훔치는 상훈(김태우)을 바라보는 현정의 얼굴도, 마지막 장면 "미안해"라며 현정이 그의 품으로 다시 안길 때의 상훈의 얼굴도 복잡하고 미묘하다. 그들에겐 똑같은 과제가 다시 주어진 셈이다. 이제 다시 어떻게 살아갈 것인가.

하늘 아래 진짜로 새로운 건 하나도 없는 사람의 만남과 시간 속의 관계들이 영화 속에 들어온들 뾰족한 새 것이 나올 리 없다. 그럼 그 영화 속 사람의 모습은 우리와 무슨 관계일까. "모든 드라마의 모든 엔딩은 해피엔딩밖에 없다고. 어차피 비극이 판치는 세상, 어차피 아플 데로 아픈 인생, 구질스런 청춘. 그게 삶의 본질인 줄은 이미 다 아는데 드라마에서 굳이 왜 그걸 표현하겠느냐. 희망이 아니면 그 어떤 것도 말할 가치가 없다. 드라마를 하는 사람이라면 세상이 말하는 모든 비극이 희망을 꿈꾸는 역설인 줄 알아야 한다고, 그는 말했었다." 드라마 〈그들이 사는 세상〉의 마지막 회에서 흐르는 이 내레이션은 영화·드라마 속의 삶과 진짜 우리 삶을 하나의 줄로 연결해 보려는 나름의 시도이다. 결국 또다시 희망과 사랑을 만병통치약처럼 갖다 붙이느냐고 묻는다면, 이렇게 대답하고 싶다. 그럼, 다른 뾰족한 게 있냐고.

사람과 사람이 살아가는 세상이 한정된 시간 속에 든, 일종의 비극이라는 것은 진리이다. 언젠가는 사라질 것이므로, 그것을 알고 있으므로. 아름다운 건 금방 사라지므로 어릴 때부터 눈물을 흘렸다던 〈도쿄타워〉(2005)의 토호루도, 신이 인간을 질투하는 건 인간은 언제든 죽을 운명의 존재이기 때문이라고 말하던 〈트로이〉(2004)의 아킬레스도, 영화 속 모든 인간도, 현실 속 모든 인간도 그 사실을 알고 있다. 〈사과〉의 현정, 민석, 상훈은 노희경 드라마 속의 지오와 준영만큼 멋진 청춘도 아니고, 토호루처럼 유치한 운명적 사랑을 이룬 것도 아니고, 아킬레스처럼 신성한 역사를 장식하지도 못했다. 그래서 그들의 이야기는 우리와 더욱 닮았다. 엔딩 크레디트에 이름을 올린 40여 명의 사람들과 우리 관객들은 어느 한 지점에서 우리와 얼추 비슷한 순간을 보고, 느끼면서 각자에게 삶의 질문을 던져볼 것이다. 어떻게 살았으며(사랑했으며) 살아갈 것이냐고(사랑할 것이냐고).

영화는 보이지 않는 시간과 내면을 구체적인 모습으로, 우리 앞에 펼쳐 주는 마음의 지도임을 이제야 알겠다.

2008. 12. 19

사과
Sa-Kwa, 2005

개요 멜로/로맨스, 드라마 | 한국 | 118분

감독 강이관

출연 문소리(현정), 김태우(상훈), 이선균(민석)
주진모(현정 아버지), 강래연(혜정)

제작 청어람

배급 청어람
쇼박스(주)미디어플렉스

아시안 블루

Asian blu

저녁 지는 해를 보면서 늘 그렇게
뭔가 소중한 걸 잃어버린 듯한
그리움에 빠지는 것도 그와 비슷하지 않을까.
우린 그렇게 다들 유한한 시간 속에 살아갈 사람들이다.
그 시간을 채우는 건 서로에 대한 배려와 사랑뿐임을,
또 이렇게 알게 된다.
「시간이 지는 이 자리」

삶의 무한한 시간은 현재의 한 순간에
도달하면 구체적인 존재가 된다.
그래서 기억하지 못하는 시간들이 완전 무로 귀결될 것 같지만,
그 시간은 결코 사라지지 않는다.
끝이 없는 시간의 직선은 서로를 연결하는
마음과 사랑으로 투영된다면 절대로 멈추는 법이 없다.
「순간을 영원으로 이끄는 아름다운 존재」

무협, 천하의 운명

〈영웅: 천하의 시작〉 그리고 〈연인〉

중국 무협소설과 영화는 언제나 나의 로망이었다. 이를테면 나는 곽정과 장무기 옆에서, 황용과 조민으로 서 있었다. 소림의 아집보다 무당의 낭만이 좋았다. 명나라 공주 '주약란'과 중원 무객 '몽환'의 비디오 영화 주제가를 따라 부르기도 했다. 성룡의 취권 시대가 가고 서극 감독의 〈신용문객잔〉(1992)처럼 허무하고 메마른 영상이 나오고, 임청하라는 여걸이 무림을 호령하고, 이연걸의 무림 천하가 도래했을 때, 그 화려한 영상은 날 사로잡기에 충분했다. 그러던 어느 날 대나무 숲에서 춤추듯 와호장룡이 날아다니더니, 무협물의 규모는 나날이 커져만 가고 중화권 스타들은 블록버스터 무협물에 줄줄이 등장했다.

장 이모우 감독은 영화 〈연인〉(2004)에서 우크라이나 숲을 로케이션으로 지독하게 운 없는 사랑을 그린다. 유덕화가 2시간짜리 영화에서 단벌 검객으로 나와 금성무에게 장쯔이를 빼앗기는데, 영화 전체에 깔린 이해 못할 고뇌와 내면은 중국 무협 정서가 아니면 설명되지 못한다. 사실 〈연인〉 이전에 장 이모우 감독은 더욱더 이해 못할 고뇌와 내면의 불덩이를 안은 남녀를 등장시킨다. 양조위, 장만옥, 이연걸, 장쯔이 주연의 영화 〈영웅〉(2003)이다. 사실 전작 〈영웅〉에 감격한 관객들이 〈연인〉을 보고 적잖이 실망을 했다. 감독은 2004년 내한 인터뷰에서 직접 밝혔다. "〈영웅〉이 대의를 위해 사랑을 접은 것이라면, 〈연인〉은 사랑을 위해 대의마저 버린 이야기다."

〈영웅〉은 장천, 파검, 비설, 무명이 훗날 진시황이 되는 영정을 암살하기 위해 벌이는 16년간의 서사를 그린다. 10년간 검을 연마하고 3년 전에 첫 시도를 실패하고, 다시 3년이 흐른 지금 암살 성공을 눈앞에 두었다. 그러나 영화의 핵심은 그 암살의 성공 여부에 있지 않다. 황제의 처소, 10보 안에서 알현할 기회를 잡은 무명이 어떤 과정을 거쳐 이 자리에 왔는지, 그것을 설명하는 영정과 무명의 한바탕 서사 놀이다. 그렇다. 마치 〈천일야화〉의 세헤라자데가 죽지 않기 위해 밤새 이야기를 늘어 놓듯, 무명과 영정은 죽음을 위해 이야기를 풀어 놓는다.

무명의 첫 이야기는 붉은색으로 표현된다. 당대 최고의 검객 파검과 비설의 질투와 사랑, 개인적 욕망이 결국 파멸을 불러왔다는 개인적 차원의 이야기다. 샛노란 나뭇잎들이 칼끝에 흩날리며 상대를 제압하는 여월과 비설의 대결 장면은 그 나무들이 붉은 피처럼 흘러내리면서 끝난다. 그러나 영정은 이것을 믿지 않고, 파검과 비설이 자진 희생했을 거라는 파란색 이야기를 끄집어낸다. 적장 암살이라는 대의명분을 위해 차가운 이성을 발휘하여 기꺼이 무명의 칼에 자진 희생한 비설의 이야기다. 이에 무명은 "황제께서 놓친 이야기가 있다"면서 비설과 파검의 첫 만남에서부터 3년 전

파검이 자진하여 암살을 중단했다는 사실을 밝힌다. 이는 아련한 과거의 추억과 희망이 담긴 녹색 이야기다. 이것은 서예와 검술을 함께 익히며 세상의 이치를 간파한 파검의 미래 프로젝트라고 부를 만하다. 온 세상을 피로 물들인 인간의 욕망과 다시 복수하겠다는 욕망이 멈추지 않는 한, 붉은색과 파란색 이야기만 남을 것이다. 그러기에 파검은 '천하'를 위해, 동시에 연인에 대한 사랑을 증명하기 위해 스스로 죽음을 감행한다. 파검이 마지막 순간, 엷은 미소로 칼을 버리고 비설의 칼을 가슴으로 받아 내는 장면은 압권이다. 이는 모든 빛을 통일한 흰색 이야기다.

〈연인〉의 마지막도 온통 흰색이다. 무릎까지 빠지는 눈밭에서 지칠 줄 모르고 싸우는 리우와 진. 거기다 칼을 맞고도 끝끝내 숨을 끊지 못하는 메이. 파검과 비설은 빠져들 듯 순간적으로 죽음에 다가간다. 비설, "우린 이젠 방황하지 않아. 당신을 고향으로 데려가 줄게". 한편 리우와 진과 메이는 참으로 끈질기게 서로에게 매달린다. 리우, "너희 두 사람에게 끝이란 없어". '천하(天下)'와 '유아(唯我)'의 차이가 이것이란 말인가.

헤세는 "자기의 운명을 짊어질 수 있는 용기를 가진 자가 영웅이다"라고 했다. 중국 무협영화는 그 운명과 용기를 가진 영웅의 이야기를, 5월의 아카시아 향처럼 진하게 전해 준다.

2007. 5. 7.

온 세상을 피로 물들인 인간의 욕망과 다시 복수하겠다는

욕망이 멈추지 않는 한, 붉은색과 파란색 이야기만 남을 것이다.

영웅: 천하의 시작
英雄, Hero, 2002

개요 액션, 드라마, 전쟁, 판타지 | 중국 | 109분

감독 장예모

출연 이연걸(무명), 양조위(파검), 장만옥(비설)

수입 조이앤컨텐츠그룹

배급 (주)박수엔터테인먼트

연인 十面埋伏
Lovers, House Of Flying Daggers, 2004

개요 멜로/로맨스, 액션 | 중국, 홍콩 | 119분

감독 장예모

출연 금성무(진), 유덕화(레오), 장쯔이(메이)

제작 강지강, 장예모, Zhenyan Zhang

자연이 인간을 부를 때

〈가가서리(可可西里)〉

20세기 이후 인류에게 닥친 가장 큰 이슈는 바로 환경문제이다. 하나뿐인 인류의 거주지, 지구는 무분별한 개발과 무관심으로 본래의 아름다움은 물론 그 기능마저 차츰 잃어 가고 있다. 올 여름 이상 기후를 접하면서 사계절이 뚜렷했던 한반도의 온대성 기후는 이미 아열대성 기후로 변해 버렸고, 앞으로 100년 안에 한반도의 절반은 겨울이 사라질 것이라는 보고서가 나왔다. 유엔의 '지속 가능한 발전' 모토는 더 이상 남의 나라 얘기가 아니다. 환경문제를 다루는 영화는 그 계몽성을 바탕으로 꾸준히 개봉되고 있다. 2007년 아카데미영화제는 지구 온난화의 심각성을 고발한 다큐멘터리 〈불편한 진실〉(2006)에 상을 안기면서 환경문제를 공론화하는 데 성공했다. 환경문제의 심각성은 미국 등의 제1세계보다 아시아, 아프리카, 남미 등 제3세계에서 더욱 심화·가속화되고 있다는 점이다. 제1세계의 경제 논리와 이기적인 자국 환경주의를 발판삼아, 제3

세계의 극빈한 경제와 맞물려 그들의 자연을 극단적으로 희생시키는 악순환이 진행되기 때문이다.

영화 〈가가서리〉(2005)에서 티베트 고원 영양은 3백만 마리에서 1만 마리까지 거의 멸종 수준으로 줄어들었다. 이는 서구의 모피시장 수요와 티베트 내 자연 파괴로 더 이상 방목 등의 전통 경제활동을 하지 못하는 사람들의 생업 요구가 맞아 떨어진 결과였다. 해발 4천 미터가 넘는 티베트 고원의 영양을 지키기 위해 장족 일태를 중심으로 산악 순찰대가 결성되고 그야말로 목숨을 걸고 밀렵꾼들을 추적한다. 가족과 연인, 친구들은 무시로 "살아 돌아와야 한다"는 인사를 주고받는다. 그들은 범죄자들이 소지한 불법 모피를 수거하고 상부에 보고할 뿐 아무런 사법권이 없다. 더구나 태부족한 인력과 경비로 도리어 그 모피를 팔아 경비를 마련하는 위법 행위까지 해야 하는 서글픈 현실이다. "순례자들의 겉모습은 지저분하지만 그들의 마음은 아주 깨끗하다"는 일태의 말은 "가가서리와 형제를 지키려는" 그들의 의지를 반영한다.

이 영화는 1993년부터 1996년까지 티베트 산악 순찰대의 실화를 바탕으로, 산악 순찰대원의 살해 사건을 취재하기 위해 어느 북경 기자가 티베트에 도착하면서 본격적으로 시작된다. 영화는 티베트 고원의 드넓은 자연의 아름다움과 그 속에 유사(流砂)나 눈보라, 설산 등의 위험을 한데 보여 준다. 이는 자연을 파괴하고 지키려는 순찰대와 밀렵꾼의 보이지 않는 치열한 싸움을 대신하며, 목숨을 내걸고 오로지 영양을 불법 남획하는 무리를 찾아내려는 일태의 무모하리만치 무서운 의지를 표현한다. 다리를 하나 잃고도 백경을 찾아 나선 에이허브 선장처럼, 일태는 가가서리의 아득한 역사와 깊이만큼, 헤아리기 힘든 의지로 순찰대를 인도한다. 총 10명 정도의 대원들이 중도에 부상으로, 그리고 기름이 떨어져 낙오하는데, 특히 환자를 이송하고 다시 돌아오는 길에 유사에 빠져 죽는 유동의 운명을 보노라면 가슴이 먹먹하여 말을 잇기가 힘들다.

감독은 이 영화의 배경과 인물에게 전혀 감정을 싣지 않는다. 마지막 일태가 오랫동안 추적하던 일당에게 잡혀 허무하게 죽는 장면은 그 메마른 시선의 결정판이다. 이는 영화가 다큐멘터리 형식을 취한 탓도 있지만, 어쩌면 이런 희생을 만들어 낸 구조적 병폐와 인간의 사악함에 분노하는 듯하다. 매번 영양의 가죽을 벗기는 기술자, 마점림 일당을 잡아넣어도 벌금 내고 풀려나오기를 반복하는 어이없는 상황에서 과연 마점림 일당을 악당이라 할 수 있는가. 그들도 "풀숲에서 사막으로 변해 버린 고원에서 방목을 하지 못하자 가축을 팔고 영양 밀렵꾼에게 팔려 가죽 1벌당 5원을 받고 가죽을 벗기는" 일개 노동자에 불과하다. 그렇다면 마점림이 "좋은 사람"이라고 말하는 사장이 악당인가. 그도 그 모피를 분명 시장 가격보다 훨씬 싸게 구매할, 또 누군가 밑에서 일할 뿐이고, 결국 그 모피를 비싼 값에 팔고 이윤을 남기거나 그 모피를 휘감고 좋아할 사람은 제1세계 자본가이거나 도시의 부유층들이다. 다시 말하지만 환경문제는 바로 경제와 정치 문제이며, 더 나아가 거시적 윤리의 문제이다. 중국과 티베트의 미묘한 정치 관계도 이에 속할 것이다.

에필로그에 따르면 그들의 희생을 딛고 가가서리는 자연보호구역으로 지정되고 이후 영양 거래가 불법으로 확정되면서, 개체수가 3만 마리 이상 늘었다고 한다. 이런 임무를 묵묵히 수행하는 사람이야말로 21세

기가 요구하는 영웅이다. 아니, 그것은 초라해지는 인간을 구원
하는 최소한의 행위이다. 초라하지 않은 인간이란, 크건 작건 보
편적 대의명분과 윤리를 위해 일하는 사람들이다.

2007. 8. 31

순례자들의 겉모습은 지저분하지만

그들의 마음은 아주 깨끗하다

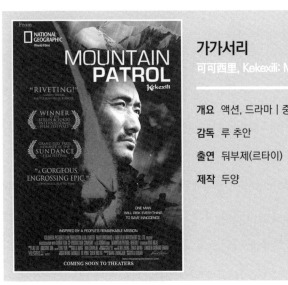

가가서리
可可西里, Kekexili: Mountain Patrol, 2004

개요 액션, 드라마 | 중국, 홍콩 | 89분

감독 루 추안

출연 둬부제(르타이)

제작 두양

불안은 영혼을 잠식한다

〈플로이(Ploy)〉

태국에 체류하는 김 선생님으로부터 언젠가 그쪽 영화관 시설이 좋더라는 얘기를 들었다. 또 거기서 열렸던 소규모 국제영화제에도 가 봤다며 우리나라에 있었으면 몰랐을, 태국 영화의 낯선 매력을 전해 주었다. 올해 부산국제영화제에서 선보인 태국 영화 〈플로이〉(2007)를 어렵게 보게 되었는데, 아마 개봉관에서 많은 관객을 만나긴 힘들 것 같다. 2시간이 채 안 되는 이 영화는 이상하게 길게 느껴진다. 그 느릿느릿한 진행과 시종 단조로운 대사 던지기, 꿈과 현실의 모호함이 전경에 배치된 복잡한 플롯 때문일 것이다. 하지만 무엇보다 '이런 시도를 할 수 있을 만큼 태국 영화의 마인드가 성숙했던가?' 매우 놀랐다. 미국과 유럽 영화의 오만한 시선을 나무라면서 정작 나도 같은 아시아권에 살면서 그들 영화에 이런 식의 반응을 했다니 조금 씁쓸하기도 하다.

영화 시작부터 주인공들은 대사 없이, 거의 정지에 가까운 움직임만을 보이는데 그 흡입력이 대단해서 나도 모르게 몰두했다. 그들이 어디에서 왜 왔는지 밝혀지지 않은 채 공항을 거쳐 호텔, 그리고 객실로 엘리베이터를 타고 가는 장면이 나온다. 특히 엘리베이터 안, 짐 가방 위로 거의 누울 듯이 앉은 남편 윗, 그 옆에 기대선 아내 댕을 잡는 카메라 각도는 참으로 묘했다. '비행기를 오래 탔더니 너무 피곤해. 당신도 그렇지?'라는 대사가 나올 법한 이 장면. 그런데 그런 일상 대사가 삭제되었음에도, 관객은 그들의 정지된 움직임에서 이미 느낄 수 있다. 이후 이 영화 곳곳에서 이런 경험을 할 수 있다.

피곤과 불안으로 잠들지 못하는 댕이 신경질적으로 커튼을 치는 장면이 그렇고, 그중 플로이가 욕실로 들어간 사이에 댕이 불투명한 욕실 문 앞에서 멍하게 서 있는 장면은 정말 압권이다. 이때 카메라는 욕실 안쪽에서 그 문을 향해 각도를 잡고 있으며, 순간 관객은 '저게 뭐지?'라는 생각을 제일 먼저 하게 되고 차츰 그 전의 동선을 기억하여 '아, 댕이 저기에 서 있군. 그러면 저 이상한 형체는 욕실 안쪽 불투명 유리에 비친 댕의 얼굴이군!' 이라고 순차적으로 맞춰 간다. 그때 비친 이상한 형체, 외계 생물체처럼 꾸물꾸물하는 것 같기도 한 모습. 댕의 까만 머리칼이 비친 거무스름한 형체만을 확인할 수 있는 그 장면에서 불안과 갈등, 분노가 가득 쌓인 댕의 심리를 알 수 있다.

생면부지의 플로이는 남편 윗이 호텔 바에서 만나 데리고 온 여자아이다. 플로이의 속마음은 댕이 외출한 후에 윗과 나누는 대화를 통해 알 수 있다. 윗과 댕이 말다툼을 한 것을 알고 묻는다. 윗의 대답은 이랬다. "우리는 너무 오랫동안 함께 했기 때문에 가끔 이런 싸움을 통해 친밀함을 느껴." 이에 대한 플로이의 대답은 더 놀라웠다. "그냥 안아 주고 입 맞추고 사랑하는 게 더 낫지 않아요?" 영화는 이들과 별도로 바텐더와 호텔 메이드 간의 한 점 대사 없는 육체적인 사랑을 보여주는데, 플로이는 이어진 대사 속에 그것이 자신의 꿈이라고 말한다.

꿈과 판타지, 현실의 경계를 알 수 없는 미로 속에서 결국 두 인물이 찾아 헤매는 것은 나를 받아 줄 누군가이다. 윗은 문득 잠깨어 댕을 찾지만 전화 연결도 되지 않는다. "댕, 날 떠나지마"라고 음성메시지를 남긴 후 욕조 안에서 태아처럼 웅크린 채 흐느끼는 윗. 대체 댕은 어디 있을까. 댕의 외출과 위험한 남자의 폭행은 과연 꿈일까, 현실일까. 관객은 순간 이 무미건조한 일상에서 공포를 느낀다. 그 공포는 마지막 장면, 윗과 댕이 장례식에 오는 것으로 전치된다.

둘은 본래 장례식 때문에 미국에서 방콕으로 왔다. 그들의 불안한 심리는 일상에 불쑥 끼어든 죽음으로 야기된 것임에 틀림없다. 이에 일상의 삶 자체가 죽음처럼 차갑고 두렵게 흘러가고 있음을 간파한 존재의 불안은 내 안의 타자, 숨겨진 내 모습을 드러냈다. 삶, 사랑, 에로스: 죽음, 증오, 타나토스는 정반대인 것처럼 보이지만 사실 같은 것이다. 서로의 영역에게 타자로 변장하여 우리 주변을 맴도는 인간 삶의 원리.

마지막 장면, 택시 안에서 윗은 플로이와 대화할 때 언급했던 '사랑의 유통기한'쯤 아무것도 아니란 듯이 "사랑해!"란 기표를 한 번 날린다. 이에 댕은 "오전에 그 아이 참 귀여웠어"라는 기표로 응수한다. 의미를 액면 그대로 수용할 수 없는 이 모호한 욕망의 언어. 그래서 이 영화는 흥미롭다.

2007. 11. 9

　주민아의 시네마 블루

삶, 사랑, 에로스: 죽음, 증오, 타나토스는 정반대인 것처럼 보이지만
사실 같은 것이다. 서로의 영역에게 타자로 변장하여
우리 주변을 맴도는 인간 삶의 원리.

플로이
Ploy, 2007

개요 드라마 | 태국
감독 펜엑 라타나루앙
출연 아난다 에버링엄

몽고 인형의 집

〈투야의 결혼〉

티베트의 환경문제를 다룬 영화 〈가가서리〉(2004)
나 오늘 이야기할 내몽고의 삶을 다룬 〈투야의 결혼〉(2007)을 보면, 중국
의 영화적 자산에 놀라게 된다. 물론 중국 본토의 이런 문화적 산물 안에
는 티베트와 몽고와의 불안정한 관계를 희석시키려는 중국 정부의 정치적
인 의도가 깔려 있을 것이다. 그럼에도 영화 자체로 〈가가서리〉는 주어진
삶을 영웅적으로 살다 간 사람들의 감동적인 이야기를, 〈투야의 결혼〉은
사회적 질서와 운명 속에 갇힌 부조리한 인간, 특히 여성의 삶을 훌륭하게
그려 낸다. 베를린영화제 금곰상이 너무나 당연한 감독의 연출력에 경의
를 표한다. 중국 본토의 변방, 그러나 오랜 역사 속에서 그 문화적 기품을
유지한 티베트와 몽고의 언저리만 볼 수 있어도 난 눈부시게 기쁘다.

영화의 처음, 예복을 입은 신부가 게르(몽고 유목민의 주거지) 안에서
두 손으로 입을 틀어막고 눈물을 흘린다. '왜 이 여인은 울고 있는가?'라는

의문이 채 가시기도 전에, 오히려 '누가, 무엇이 이 여인을 울리는가?'라는 질문이 퍼뜩 스친다. 〈투야의 결혼〉은 제목대로 몽고 유목민 여인의 결혼 자체에 대한 스토리로 진행된다. 젊고 아름다운 투야는 우물을 파다 다리 불구가 된 늙은 남편과 아들, 딸과 살아간다. 양을 치는 일, 먼 오아시스까지 물을 길러 가는 일 등 집안일과 생계를 도맡은 투야의 생활은 자세한 설명 없이 그저 스크린을 통해 제시될 뿐이다. 근래 TV에 자주 나오는 오지의 탐험류에서 느끼는 관음증적 시선도 배제할 수 없지만, 관객은 인격과 감정을 갖춘 여성 캐릭터에게 완전히 몰입할 수 있을 정도로 투야라는 캐릭터는 영화적으로 완벽에 가깝다. 주변의 주요 남성 캐릭터는 남편 바터와 동네 친구 싼거인데, 둘의 대사와 연기는 차라리 어눌한 일상처럼 보여 그들이 그리는 어설픈 리얼리티가 참으로 흥미롭고 동시에 가슴 아프다.

시누이는 투야에게 이젠 그만 이혼하고 새 삶을 살라고 충고한다. 친구 싼거도 '너에겐 남자가 필요하다'고 말하며 둘의 미묘한 감정은 끊어질 듯 말 듯 끝까지 간다. 사실 투야가 이혼한 후 '어느 남자와 결혼할 것이냐'라는 문제가 대두됐을 때 싼거가 유력 후보가 될 거라는 것쯤 다 알고 있다. 그런데 어떤 식으로 투야가 싼거와 재혼하게 될지, 그 플롯이 관건이었는데 과연 감독은 인간의 내면과 본성을 꿰뚫는 이야기로 나를 즐겁게 해 줬다. 투야의 재혼 조건은 "전남편 바터를 함께 데리고 살" 남자였다. 누가 봐도 비상식적인 이 조건은 영화적으로는 매우 흥미로운 조건이 된다. 이 조건 안에서 주변 남성들은 자신도 모르는 사이에 사악한 심리를 노출하기 때문이다. 그 속에 아들 자야도 들어 있다. 투야는 마치 투명한 거울처럼 한가운데 가만히 서서, 그녀에게 다가오는 남성들을 적나라하게 비춰 낸다.

첫 번째 구혼자는 바람을 가르며 말을 타고 달려온다. 남편까지 맡으면 식구가 너무 많다고 투야에게 양보를 하란다. 두 번째 구혼자는 먼지를 날리며 오토바이를 타고 온다. 이미 싼거가 먼지 날리는 오토바이 장면을 선사했던 터라, 감독은 이 구혼자는 그냥 통과시킨다. 물론 투야의 대사를 통해 이 날 하루 "6명의 구혼자"가 다녀갔음을 알 수 있으나, 중요한 순서대로 한다면 중학교 동창 바얼리가 세 번째 구혼자에 해당한다. 그는 반지르르한 까만 자동차를 타고 오는데, 구혼자들의 교통수단은 몽고의 사회적 변화를 암시하기에 부족함이 없다. 바얼리는 몇 번의 실패와 자살 미수 끝에 유전을 터뜨린 부유한 이혼남으로, 중학교 졸업 후 "17년간 청혼을 기다렸다"는 낭만적인 대사도 날려 준다. 그는 선배이기도 한 투야의 남편 바터에게도 청춘의 우상이었다는 찬사를 던지면서 구혼자 중에 가장 치밀하고 능란한 수완을 발휘한다.

바얼리는 고급 복지원에 바터를 입원시키고 고급 호텔에서 하루를 묵을 만큼 돈을 뿌리지만, 자괴감에 손목을 그은 바터가 죽어 간다는 전화를 고의적으로 무시하면서 숨은 본성을 적나라하게 보인다. 그는 욕망과 윤리 사이에서 갈등하지만, 결국 욕망을 선택했고 뒤늦게 후회한다. 사회의 발달과 물질의 풍요가 반드시 순방향으로만 전개되지 않는다. 싼거의 아내가 돈과 욕망에 사로잡혀 매번 남편을 배신하는 모습도 크게 다르지 않다. 인간의 욕망과 본능은 순기능적 발달과는 무관하다. 이에 투야와 싼거의 재혼은 이 모든 갈등을 해결해 줄 것 같았지만, 여전히 그녀 앞엔 골칫거리인 남편과 아이들, 속 좁은 말썽쟁이 새 남편, 도시화·사막화에 밀려 말라 가는 우물이 있다.

언제나 그렇듯 인간이 살아가는 '땅'은 특유의 신성함과 아름다움을 지닌다. 그 땅은 인간을 보잘것 없는 존재로 추락시키기도 하고, 때론 그 밑바닥에서 끌어올리기도 한다. 단, 투야의 삶이 그 몽고 땅 위에 있는 한, 그녀라는 존재는 결코 사라지지 않을 것이다.

2008. 1. 11

투야의 결혼
圖雅的婚事: Tuya's Marriage, 2006

개요 드라마, 멜로/로맨스 | 중국 | 96분

감독 왕취엔안

출연 위난(투야)

수입 스폰지

배급 스폰지

욕망의 윤리

〈색, 계〉

어떤 영화가 세상에 나와서 세인을 관심을, 그것도 많이 받는다면 그 영화는 축복받은 작품일 것이다. 까다로운 비평가나 변덕스런 관객의 예외적인 비평까지도 휘감은 그 센세이션의 한가운데에 영화 〈색, 계〉(2007)가 있다. 두세 번 관람한 관객까지 있다는 소문을 들은바, 개인적으로 다소 늦게 보았지만, 오히려 잘 했다는 생각이 든다. 가감 없이 말하자면 영화는 좋았다. 이안 감독의 영화라면 믿고 볼 수 있다는 신뢰감이 무엇보다 컸다. 거기에 개인적으로 많이 좋아하지 않지만, 감히 범접할 수 없는 과묵한 카리스마를 가진 양조위의 연기라면 일단 100점부터 시작하는 게 맞다.

이안 감독은 선명한 플롯 위에서 영화 전·후반의 시간 개념을 잘 맞추어, 주제를 이끌어 가는 데 뛰어난 재능이 있다. 〈색, 계〉만 해도 맥부인을 연기하는 여대생 왕치아즈(탕웨이)가 이 선생(양조위)의 연인으로 준비하고 생활하는 시간의 배분이 매우 절묘하다.

또한 영화 도입 부분에 나중에 나올 결정적인 장면의 전조를 미리 배치하면서, 결론으로 향하고 싶은 플롯의 욕망을 매우 적절한 타이밍에 맞추어 진행한다. 이것이 너무 빠르게 가면 제대로 된 클라이맥스를 놓치고, 너무 느슨하게 가면 욕망의 긴장은 방황하기 마련이다.

물론 이 영화는 무엇보다 파국으로 가는 여정에서 선보인 두 남녀의 격정적인 애정 장면으로 센세이션을 일으켰다. 그렇다. 둘의 사랑은 파국을 담보로 벌어진 피할 수 없는 욕망의 대결이었다. 왕치아즈가 처음에 어떤 목적으로 이 선생에게 접근했느냐는 이미 중요한 문제가 아니다. 그녀가 조직의 우두머리 오 선생에게 "육체적 관계의 절정에서 드러나는 순수한 감정을 본다면, 그런 와중에 당신들이 들어와서 그에게 총을 겨누는 게 과연 맞는 일인지 모르겠다"며 혼란스러운 감정을 토로한다.

그녀는 순수하지 못한, 즉 비욕망적 목적을 내포한 가짜 욕망으로 한 남자 앞에 섰다. 반면 그 남자는 순수한, 즉 욕망에 의한, 욕망을 위한 진짜 욕망으로 그 여자 앞에 나타났다. 이럴 때, 욕망이라는 이름의 대결에서 불순물이 섞인 욕망은 이길 수가 없다. 설령 그 목적이 대의를 위한 것이고, 윤리적이라 해도 말이다. 사실 인간 욕망의 가장 순수한 윤리는 욕망에 충실한 그 순간일 뿐이다. 그래서 둘은 그렇게도 서로를 탐닉했던 것이다. 그 순간만이 두 사람의 순수한 몸과 마음이 만날 수 있는 유일한 시간과 공간이기 때문이다. 그 순수의 상징으로, 남자는 여자에게 다이아몬드 반지를 선물한다. 여자는 그 순수의 결정체 앞에서 더 이상 버티지 못하고 진실을 폭로하는 것이다. 그녀의 진실은 욕망 아니면 죽음뿐이다.

그 결과가 온전히 그녀에게 지워진 것이라면, 이 영화는 가장 진실한 사랑 이야기가 될 수도 있었다. 그런데 그녀의 시작은 한 남자에 대한 욕망이 아니라, 구국을 위한 정치이자 혁명을 위한 욕망이었다. 사실 정보통이었던 남자가 여자의 정체에 대해서 그 정도까지 무지할 수 있었겠느냐 하는 문제는 여전히 의문으로 남는다. 사랑이건, 종교이건 욕망(사랑)을 완벽하게 채우는 대상을 만났을 때의 맹목 현상은 필연적으로 유사하다. 그들이 일상적인 환경 속에서 만났다면, 그 맹목이 각성하는 계기를 만나 또 다른 대상을 찾아가는 환유의 과정을 겪으며 삶을 지속했을 것이다. 그러나 앞에서도 말했듯이 그들에게 욕망은 마스터 코드로써 주체의 완전한 소유를 지시한다. 여자가 죽어 가는 순간, 그 깎아지른 절벽과 깊이를 알 수 없는 어두운 심연은 차라리 슬프다.

이 선생의 부인 역할로 나온 배우 조안 첸을 오랜만에 봐서 반가웠지만, 〈마지막 황제〉(1988)에서 그 살아서 펄떡거리는 듯한 생생한 이미지가 사라진 듯하여 아쉽다. 탕웨이의 붉은 입술과 그 영화 속 조안 첸의 붉은 입술이 오버랩되면서 시간의 흐름이 절로 느껴지는 건 어쩔 수가 없다. 양조위라는 배우의 프리즘은 어디까지 뻗어갈 것인지, 그의 연기는 날마다 깊이를 더해 간다. 벌써부터 탕웨이는 스타로 발돋움하여 세계 영화계의 주목을 받고 있다. 영화 속 왕치아즈의 당당한 걸음걸이가 곧 탕웨이의 스타일이라면, 그녀의 앞길을 비출 환한 빛을 따라가 봐도 좋을 듯싶다.

2008. 1. 18

주민아의 시네마 블루

욕망이라는 이름의 대결에서 불순물이 섞인 욕망은 이길 수가 없다.

설령 그 목적이 대의를 위한 것이고, 윤리적이라 해도 말이다.

사실 인간 욕망의 가장 순수한 윤리는 욕망에 충실한 그 순간일 뿐이다.

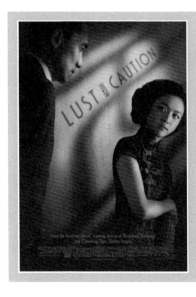

색, 계
色, 戒, Lust, Caution, 2007

개요 드라마, 멜로/로맨스, 스릴러, 전쟁 | 미국,
중국, 대만, 홍콩 | 157분

감독 이안

출연 양조위(미스터 이)
탕웨이(왕치아즈/막 부인)
조안 첸(이 부인), 왕리홍(광위민)

수입 마스 엔터테인먼트

희한의 길 위에 서다

〈장한가〉

근래 일제 치하의 경성을 무대로 한 영화나 드라마가 자주 보인다. 사람 사는 이야기에 시간과 공간적 배경은 어디로든 정해질 테지만 어째서 그 시대, 그곳에 대한 얘기가 21세기에 나오는가, 이렇게 묻는다면 문제는 달라진다. 앞선 세대가 볼 때, 그 시대는 단순히 젊음의 낭만과 추억으로만 환원시킬 수 없는 핵심이 존재한다. 나라를 뺏기고 혼란이 절정에 달했던 그때, 그곳에서 후속 세대는 상상과 이야기를 덧입힌다. 사실 지금 세대는 일제 강점기와 한국전쟁을 전래 동화에나 나오는 낯선 단어로 생각하지만, 잘 생각해 보면 그건 엄연히 불과 약 70년 전의 우리 현대사이다.

고대 낭만의 역사에 애착을 보이는 현대 중국 시대물의 시초도 사실상 중국의 뼈아픈 현대사 극에서 시작된다. 〈마지막 황제〉(1987), 〈패왕별희〉(1993)를 통해 비로소 중국의 현대사가 대중화되었다고 말해도 무방할 것이다. 중국은 혼란한 청나라 말기에서 국공의 대립, 공산당 주도, 1980년대 개혁과 개방을 거쳐 2008년에 올림픽을 개최하는 나라로 성장했다. 평소 약간의 친분이 있는 사학자께서는 영화 〈색, 계〉(2008)를 보면서 우리 시대극이나 역사 영화의 평면성에 대해 아쉬움을 느꼈다고 전제하고, 우리 극에서 박제화된 소위 위인들의 신화를 시대와 역사에 짓눌린 개별 인간의 욕망과 사적 영역으로 확대함으로써 더 입체적으로 재구성할 수 있을 거라는 얘기는 나눈 적이 있다. 그런 면에서 영화 〈장한가〉(2005)는 평범한 여인의 삶을 통해 중국의 부침(浮沈)을 대응시킴으로써, 일단 구조적인 변형에 성공했다.

왕치야오(정수문)가 사랑한 남자들은 바로 그 시대의 키워드이다. 1940년대 후반 상하이의 평범한 아가씨가 사진작가의 눈에 들어 미인 대회에 출전한다. 우연히 국민당 간부 리주임(호군)의 후원을 받은 그녀는 곧 그의 정부(情夫)가 된다. 처음이라는 강렬함에 사로잡힌 치야오는 절대적인 사랑에 빠지지만 본토의 권세가 공산당으로 옮겨 가면서 리주임은 떠난다. 1950년대 중반 치야오는 함께 살던 아파트를 당에 바치고, 상해 어느 업체에 들어간다. 그리고 부유한 사업가의 아들 신(오언조)과 사랑에 빠져 그와의 사이에 딸을 낳는다. 딸을 보호하고 홍콩으로 사업체를 옮기려는 신을 대신해 명목상 남편을 정해 결혼하고, 그가 보내는 양육비로 딸을 키운다.

1970년대 후반 현대 문물이 중국에 들어오던 시절, 딸 웨이웨이는 일찍 결혼을 해서 미국으로의 이민을 꿈꾼다. 1980년대 중반 중국의 문호가 개방되자, 공산당은 치야오에게 아파트를 돌려주고 리주임의 행적을 알려 준다. 다시 젊은 밀수업자 켈라와 사랑에 빠지지만 큰 세상으로 나가려는 남자는 그녀를 배신한다. 마침 리주임의 사망 전보를 받고 허탈해하던 치야오 앞에 경찰에 쫓겨 은신처를 구걸하던 켈라가 들어와 그를 뿌리치는 그녀를 죽이고 만다.

국민당 간부, 사업가 아들, 밀수업자는 당시 상해의 변화를 암시한다. 정치적 이념의 각축장에서 본토의 경제가 어려워진 틈을 타 홍콩으로 떠나는 사람들, 어설픈 자본주의로 피폐해진 생활경제에 빠져 미국으로의 도피를 꿈꾸는 사람들. 그 틈바구니에서 치야오는 언제나 머무르는 쪽을 택한다. 혹자는 치야오의 삶이 시대와 남자들의 욕망 속에서 매우 순종적인 방향으로 진행되었다고들 한다. 그러나 떠나는 자들 앞에서 그녀는 머무름을 선택한 것뿐이다. 물론 첫 번째 선택의 치명적 결과가 이후 부정적이고 일탈적인 애정 관계로 빠지는 데 일조하긴 했지만 적어도 그녀는 시대의 부름에 흔들리지 않고 자신의 욕망에 충실했다. 그럼에도 그 욕망의 대상이 변함으로써 각각의 인물들이 시대를 반영할 수밖에 없다.

관금붕 감독이 잡아내는 여자의 얼굴은 고뇌와 슬픔을 숨긴 광대와 비슷하다. 무표정 속에서 수많은 표정을 잡아내고, 사소한 떨림 속에서 큰 슬픔을 잡아내고, 격렬한 몸짓 속에서 침잠(沈潛)해야 할 선택의 시간을 암시한다. 정수문은 뛰어난 배우임에 틀림 없으나 시대극이 요구하는 조용한 역동성을 온몸으로 표현하기엔 조금 부족한 듯했다. 치야오의 삶을 지켜본 사진작가 청 선생(양가휘)이 눈물을 흘리는 마지막 장면. 그의 회루(悔淚)는 너무 늦었다. 어쩌면 청 선생이라는 캐릭터는 중국의 부침과 변화를 침묵으로 지켜볼 수밖에 없던 중국의 산하(山下)와 수억 명의 무명 인민(人民)들인지도 모른다.

나약한 중국의 정체성을 치야오라는 여성으로 중국 역사의 알레고리, 혹은 색다른 멜로를 연출한 관금붕 감독의 의도는 충분히 예술적이고 아름답다. 1990년대 중국 최고의 베스트셀러 왕안이의 소설 원작, 베니스영화제 경쟁 부문 진출, 훌륭한 연출과 연기에도 불구하고 흥행에 실패한 이 영화. 아마도 부정적인 선택과 나약함을 받아들일 수 없는 중국 대륙의 마지막 자존심이 아니었을까. 혹은 시대적 욕망에 부응했다는 진심을 드러내고 싶지 않은 탓일지도.

2008. 4. 18

장한가
長恨歌: Everlasting Regret, 2005

개요 중국 | 115분

감독 관금붕

출연 정수문, 오언조, 황각

제작 성룡, 윌리 찬 진자강

시간이 지는 이 자리

〈도쿄타워〉

저녁 해가 질 무렵, 하늘이 구름 너머로 점점 잿빛으로 변해 가는 모습을 보노라면 '아, 오늘 하루 난 제대로 보냈을까!'라는 생각이 저 가슴 밑바닥에서 피어오른다. 온 세상이 정지된 듯한 그 순간에도 누군가는 새로 태어나고, 누군가는 다른 세상으로 떠난다. 〈도쿄타워〉(2007)는 그 순간 어디쯤엔가 존재하는, 마치 명멸의 순간을 긴 이야기로 풀어낸 듯한 영화다. 2시간 20분이 넘는 러닝타임 속에 한 여자와 한 남자의 삶이 어머니와 아들이라는 관계로 펼쳐진다. 인간의 삶이란 시간이 흐를수록 진실을 포착하기 힘든데, 더구나 그 삶을 재창조하는 영화라는 매개 속에서 이만큼의 정서적 균형을 유지하면서 나름의 리얼리티를 추구한 이 영화에 박수를 보낸다.

결국 진실이라는 건, '인간살이'라는 유한한 시간의 길이를 다 통과한 후에야 밝혀지는 것 같다. 살아서도 죽어서도 어머니 에이코는 당신의 아품과 상처에 대해선 한 마디 없이, 착한 아들 덕분에 행복했노라 작별 인사를 한다. "마사야가 일하는 모습을 보면 엄마 기분이 좋아진단다." 아들이 한 인간으로 올바른 자리에 서 있기를 바라는 어머니의 마음은 죽음 이후에도 이 말을 전하러 영혼으로 나타난다. 무려 7년을 아들이 진행하는 심야 성인 라디오 방송을 새벽마다 챙겨 들었던 어머니. 어머니의 진실은 그렇게 소리 없는 움직임으로 드러난다. 그리고 마지막 가는 길, 젊은 날 호방했던 아버지가 병실을 지키는 짧은 순간, 아버지와 처음 만난 댄스홀에서 흐르던 노래 '키사스 키사스'를 듣는 모습에서 또 다른 사랑의 진실을 엿볼 수 있다.

마지막 항암 치료를 받는 중에 점점 힘들어하는 어머니를 보고 마사야는 어찌 할 바를 모른다. 죽어 가는 어머니보다 그 어머니를 어떻게 해야 할지 모르고 당황해하는 자신을 용서할 수가 없다. 이때 영화는 마사야의 어릴 적 자아를 등장시켜 그가 성숙한 결정을 내릴 수 있도록 도와준다. "넌 어른이잖아." 평생 동안 비록 고통이었지만 어른다운 결정으로 아들을 성장시킨 어머니 앞에서, 마사야가 처음으로 내리는 어른다운 결정은 아이러니하게도 어머니의 항암 치료를 중단시키는 것이다.

항암 치료 중단은 곧 어머니가 두세 달 안에 돌아가신다는 의미가 되니, 아이가 어른이 되는 건 그 부모를 보내고서야 가능한 일인가. 먼저 성립되었던 체제와 왕국, 부모의 위치에 선 모든 것들을 깡그리 부수고서야 새로운 문명과 역사가 탄생하는 인간 세계의 아이러니는 곧 엄연한 진리인 셈이다.

마사야가 키우는 토끼의 이름은 '빵'과 '포도'이다. 어머니가 입원한 사이, 또 마비된 생활을 이어 가던 마사야는 포도를 돌보지 않아 그만 죽는다. 어머니는 마지막 입원에 앞서 하얀 토끼 빵을 잘 챙겨달라고 아들에게 부탁한다. 어머니는 혼수 상태에서도 아들에게 가지 된장국과 도미회를 해 놓았다며 저녁을 챙긴다. 도쿄의 친구들은 어머니의 맛있는 밥맛에 우르르 몰려온다. 돌아가시기 전, 비싼 1인 병실 안. 음식을 못 넘기는 어머니 앞에서도 그들은 어머니의 손맛이 든 계란말이로 밥을 먹는다.

진부하지만 어머니의 밥은 어머니의 사랑이다. 그러나 동시에 어머니의 모든 에너지를 소진시키는 굴레이기도 하다. 토끼의 이름으로 쓴 빵과 포도는 가톨릭으로 보자면 미사 의례에 쓰는 성체와 성혈로 그리스도의 몸과 피를 의미한다. 그리스도는 자신의 몸과 피를 기꺼이 내놓고 인간과 하늘의 새로운 계약을 맺어 주었다. 어머니 역시 당신의 몸과 피를 아들에게 물려주고, 죽을 때까지 그 몸과 피를 움직여 사랑하고 밥을 지어 주었다. 그리고 한평생 너로 인해 행복했노라, 여한 없는 삶이었노라 아름다운 작별을 고한다.

이 영화 속 카메라는 가끔 움직임을 줄인 채 물끄러미 응시하는 경우가 있다. 카메라가 창문틀 안에 인물을 비추어 낼 때는 그들이 차마 말로 하지 못할 슬픔이나 아픔을 겪을 때다. 도쿄로 대학을 가려는 아들에게 진수성찬을 차려 준 어머니의 모습을 창문틀 안에 잡아낼 때, 도쿄타워를 창밖의 풍경으로만 바라봐야 하는 병실 안 두 모자의 모습을 침묵으로 잡아낼 때를 보라. 배우 키키 기린과 오다기리 조는 어머니와 아들 역할을 서로 연민을 느끼는 인간 존재로서 훌륭하게 연기했다. 그는 2007년 11월 『씨네 21』과의 인터뷰에서 자신도 어머니와 계속 단둘이 살아왔기에, 그 관계를 표현하는 일이 어렵지 않았다고 한다.

그러나 현재 33살인 그가 처음 영화 제의를 받았을 때 벌써 이 이야기를 할 때가 되었나, 생각하여 거절했다고 한다. 이게 어쩌면 모든 자식들의 마음이다. 이미 서른을 넘긴 자식과 부모는 시시때때로 각자의 마음속에서 이 말을 떠올리지 않을까. '벌써 그렇게 되었나……' 저녁 지는 해를 보면서 늘 그렇게 뭔가 소중한 걸 잃어버린 듯한 그리움에 빠지는 것도 그와 비슷하지 않을까.

우린 그렇게 다들 유한한 시간 속에 살아갈 사람들이다. 그 시간을 채우는 건 서로에 대한 배려와 사랑뿐임을, 또 이렇게 알게 된다.

2008. 5. 30

도쿄 타워 Tokyo Tower: Mom and Me, and Sometimes Dad, 2007

개요 드라마 | 일본 | 141분

감독 마츠오카 조지, 니시타니 히로시

출연 오다기리 조(보쿠), 키키 키린(오칸)

제작 스폰지

배급 스폰지

울타리를 넘어 어울림으로

〈오프사이드〉

2002년 한일월드컵 당시 이탈리아와 16강전이 있던 날, 광화문 동아일보사 앞에는 엄청난 인파가 모였다. 저녁에 시작하는 경기를 보기 위해 오후 3시 즈음에 이미 줄을 잡고 앉았는데, 옆에는 여고생들이 특유의 꾀꼬리 소리를 내며 앉아 있었다.

서로 모르는 우리들은 함께 열광했고 생수를 나누어 마시면서 연장 혈투를 관전하다가 어느 순간, 안정환의 헤딩골이 들어가자 너나 할 것 없이 서로 어깨를 부둥켜안고 환호를 질렀다. 내 옆의 여고생들뿐 아니라, 좌우 앞뒤 대각선 모든 방향의 '우리들'이 승리의 환희에 차서 축제를 즐겼다. 그날은 언제나 내 젊은 시절의 생생한 기억으로 남아 있다.

여기 이란의 수도 테헤란, 2006년 월드컵 본선이 걸린 이란과 바레인의 최종 예선전이 열리는 아자드 경기장. 테헤란 시민들은 저마다 국기와 응원 도구를 들고 환성을 지르며 경기장으로 향한다. 그런데 그 함성 사이로 잔뜩 그늘진 얼굴로 앉은 누군가가 있다. "여자는 축구 경기장에 못 들어간다"는 규정 때문에 어설픈 남장을 한 채 불안한 마음으로 버스 안에 앉은 여학생의 얼굴. 도대체, 무슨, 그 따위 사회 규칙이 있냐고, 혹시 농담이냐고? 그렇다. 영화 〈오프사이드〉(2006)는 이 농담 같은 이란의 사회적 현실을 그린 영화다.

실제 최종예선전이 열리는 그날 시간에 맞추어 경기장과 거리에서 게릴라 작전처럼 촬영이 진행되었으며 더구나 5명의 멋진 여자 주인공들은 전문 배우가 아니다. 거침없이 말하고 담배도 필 줄 아는 남장 소녀, 축구 선수 출신으로 작전까지 재구성할 줄 아는 축구 소녀, 군복으로 변장하고 경기장 귀빈석까지 진출했다가 잡혀 온 군복 소녀, 행여 들킬까 까만 차도르를 준비한 차도르 소녀, 그리고 앞선 일본과의 예선전을 보러 왔다 군중들에게 압사당한 친구를 기리며 경기장에 온 슬픈 소녀. 이들은 구체적인 이름도, 사는 곳도, 나이도 드러나지 않은 그저 무명의 수많은 이란 여성들을 대신한다.

언젠가 EBS 여성주간을 통해 특별 방송된 파나히 감독의 전작 〈서클〉(2000)을 본 적 있다. 아버지나 남자 형제, 남편의 동의나 동행 없이는 여행이나 병원 출입, 다른 문화권에서는 너무나 일상적인 사회생활마저 박탈당한 성인 여성들의 암울한 삶을 그린 영화였다. 결국 그 여성들이 한곳에 잡혀 와 있고 카메라가 교도소의 서치라이트처럼 그들을 비추는 마지막 장면이 이후로도 한참 동안 잊히지 않았다.

〈서클〉이 나오고 6년 후에 제작된 〈오프사이드〉는 전작보다 훨씬 더 유쾌한 접근을 했고, 마지막 장면에서 소녀들은 군인들과 거리의 시민들과 함께 폭죽을 들고 소리치며 승리를 만끽하는 축제의 주인공으로 변한다. 이는 한편으로 아직 어린 소녀들을 주인공으로, 정말 죽고 사는 문제가 아닌 '축구'라는 축제를 소재로 삼았기 때문일 것이다. 딸과 함께 함께 경기장에 들어가지 못했던 실제 경험을 통해서 감독은 당면한 사회적 문제에 대해서 좀 더 융통성 있게, 수용 가능한 긍정적인 방식으로 접근했던 것 같다. 하지만 당연히 이 영화는 검열 때문에 개봉하지 못했다.

여자 축구 경기장엔 "남자 코치가 못 들어오고, 핸드폰으로 작전을 지시"한다며 축구 소녀가 씩씩한 화법으로 전하는 그들의 현실. 경기장에 들어오는 "여자들만 아니었으면 휴가 받아 아픈 어머니를 위해 양떼를 돌보러 갔을" 거라는 군인 아저씨의 현실. 이 미묘한 상황에서 관객들은 그 현실을 함께 풀어 가야 할 삶의 문제로 받아들이게 된다. 즉, 이 영화는 일방적인 고발이나 부정적인 억압이 아니라, 당당히 대화를 시도하고, 필요한 걸 요구하고, 타인의 상황에도 귀 기울일 줄 아는 인간적인 에피소드를 통해서 공감대를 형성하려 한다.

집안의 반대를 무릅쓰고 축구 선수로 성공하는 인도 소녀의 이야기를 그린 영화 〈슈팅라이크 베컴〉(2002)은 동서 문화와 인종 차별, 동성애 코드까지 넘나드는 다층적인 차원에서 갈등과 치유를 진행한다. 〈오프사이드〉와 비교하면 그 영화의 제스는 너무나 행복한 편에 속한다. 물론 이란의 고유한 관습과 문화를 무시하거나 비합리적이라고 매도하려는 건 아니다.

다만 이렇게 서로의 이야기를 털어놓고 조금씩 변화하는 모습을 비인간적인 방식으로 막아선 안 된다. 서로에 대한 자연스러운 어울림과 변화를 보이는 〈오프사이드〉의 결말은 이 간절한 바람을 극적으로 표현한 것이다. 여기에 필요한 건 바로 용기다. 전 세계가 이 영화에 찬사를 보내는 건, 감독과 배우들, 변화를 총총히 진행해 가는 수많은 무명의 남녀들이 보여 준 용기 때문이다. 그들의 용기 앞에 '오프사이드' 반칙이라고 휘슬을 불 사람이 누가 있겠는가.

2008. 6. 27

오프사이드
Offside, 2005

개요 코미디, 드라마 | 이란, 이스라엘 | 91분

감독 자파르 파나히

출연 시마 모바락 샤히, 샤예스테 이라니

과거, 그 불꽃의 계절

〈유리의 성〉

1997년을 떠올리면 지금으로부터 10년 남짓 지난 20세기 말 아시아의 격동기였다. 곧 잇따를 아시아 경제위기는 차치하고라도 거대 중국이 영국으로부터 홍콩을 돌려받는 역사가 진행됐다. 본래 중국의 땅이었으므로 당연한 일이지만, 21세기 거대 국가로 발돋움하려는 중국이 알토란 같은 경제와 문화의 보석 홍콩을 얻게 됨으로써 세계의 이목이 집중될 수밖에 없었다.

한편 본토와 전혀 다른 언어와 체제, 문화를 지닌 홍콩 사람들은 향후 미래에 대한 불확실성과 불안감이 팽배하여 미국과 유럽으로 많은 자본과 인력이 이동했다. 지금은 거장의 반열에 오른 왕가위 감독은 이 시기에 이들의 불안감을 드러내는 영화와 옛 시절에 대한 향수를 자극하는 영화를 통해서 홍콩 광동인들의 마음을 대변했다.

영화 〈유리의 성〉(1998)은 표면적으로는 첫사랑, 재회, 죽음으로 이어지는 애절한 멜로드라마이다. 그런데 시공간적 배경을 잘 살펴보면, 영국 통치하의 기성세대와 앞으로 중국 통치하에 살아갈 신세대가 절묘하게 배턴 터치하는 구조를 보인다.

교묘하게도 이 영화는 1996년 12월 31일, 즉 1997년 1월 1일과 1997년 7월 1일 홍콩 반환식이 열리는 순간을 시간 배경으로 삼았다. 홍콩반환을 7개월 앞 둔, 1997년이 문을 여는 그 시간에 부모 세대인 주인공 항생(여명)과 연루(서기)는 영국 런던에서 죽음을 맞이한다. 각각 부모의 사고를 수습하러 온 젊은 세대인 데이빗과 수지는 이후 그의 아버지와 그녀의 어머니가 못다 한 사랑을 정리한다. 그리고 마지막으로 7월 1일 반환식이 열리는 홍콩 시내, 밤하늘 위로 그들의 유골을 불꽃으로 쏘아 올린다.

그들을 이어주는 사랑 노래가 'Try to remember'라는 것도 의미심장하다. 아름다운 시절을 추억하고 기억을 떠올려 보라고 부드럽게 외치는 이 노래. 허나 기성세대는 무엇을 그렇게 기억하려 애쓰는가. 새로운 시대가 열리려면 이전 세대는 상징적인 죽음을 겪어야 한다. 그것이 문화와 역사의 흐름이다.

1960년대 말 대학시절 처음 만난 그들은 자연스럽게 사랑에 빠진다. 대학생들은 반제국주의 시위를 벌이고 앞장섰던 항생은 수감된다. TV에서 이를 본 연루의 아버지가 "광동인들이 문제야"라고 말하는 장면이 나오는데, 이도 의미심장한 언급이다. 중국 현대 역사를 보면, 1940년대 말 국공대립과 중공정권 수립의 와중에 본토가 시끄러울 때 당시 최고의 도시인 상하이 사람들이, 당시 시골에 불과했던 홍콩으로 이동한 경우가 많았다.

그러나 상하이 출신의 홍콩 주민과 원래 홍콩이 자리한 광동성 출신의 홍콩 주민들은 기본적으로 서로 다른 문화와 언어를 가진 사람들이라고 볼 수 있다. 이후 상하이는 본래 중국이고 홍콩은 중국에서 잠시 떨어져 나간 타지(他地)라는 의식이 있었던 것 같다. 영화 〈화양연화〉 DVD에 특별 수록된 인터뷰에서 왕가위 감독은 "우리 영화의 배경이 된 1960년대엔 상하이 출신과 홍콩 출신이 사귀는 것도 공공연히 반대하던" 시절이었다고 언급하기도 했다.

결국 연루 아버지의 이 짧은 대사 하나로 연루의 집안이 본래 광동이 아니라 상하이 출신일 가능성이 높음을 짐작할 수 있다. 그렇다면 중국이 아닌 홍콩 출신의 항생과 뼛속 깊이 중국인 연루의 불완전한/비극적 결합은 어쩌면 1997년 7월 이후 홍콩과 중국이 한 국가 안에서 이중 체제로 살아갈 애매한 상황의 전조와도 같다. 그래서 영화는 미국에서 나고 자라서 홍콩을 아예 모르는 항생의 아들 데이빗과, 홍콩에서 성장하여 어머니 연루가 "홍콩에서 기반 잡기를 바라는" 딸 수지가 결합할 가능성을 크게 열어 놨다. 그들이 반환식 행사에서 불꽃으로 쏘아 올린 부모의 뼛가루는 홍콩과 중국의 새로운 결합을 위해 기꺼이 한 줌 재가 되어 날아간 셈이다. 그런데 아이러니하게도 데이빗과 수지의 중국어/한자 이름은 둘 다 똑같이 '홍교'이다. 홍교는 템스 강을 가르는 런던 브리지를 가리킨다.

홍콩에서 집을 구하고, 강아지를 키우며, 경비행기를 배우며 같이 지내던 항생과 연루가 과거의 추억을 뒤로 하고 왜 하필 런던으로 이동했을까. 젊은 시절, 연루가 그렇게 보고 싶어 했던 홍교 때문에? 그래서 둘 다 약속이나 한 듯, 다른 결혼을 통해서 낳은 아들딸의 이름을 홍교라고 지었던가.

앞으로 중국 통치하에 살아갈 데이빗과 수지는 결국 영국 통치하에 살았던 부모의 자녀들이다. 홍교라는 이름은 어쩌면 그들의 근본이 중국인이면서도 본토와 다른 자질을 유전적으로 지니고 있음을 암시한다.

새로운 시대를 여는 반환식 자리에 살아 우뚝 서서 과거의 유물을 버리는 데이빗과 수지는 홍콩의 현재와 미래를 대표하는 인물이 될 것이다. 항생과 연루라는 인물로 대표되는 홍콩의 과거와 아련한 향수는 런던에서 사라지면서 "기억을 떠올려 봐(try to remember)"라는 멜로디만 남기지만, 그 멜로디조차 반환식의 요란한 폭죽 소리에 잦아들 뿐이다.

〈유리의 성〉 영문 타이틀은 'The City of Glass'이다. 빤히 투명하게 다 보이면서 언제 어떻게 깨어질지 모르는 홍콩. 이제 만 10년을 지났으니, 더 이상 홍콩에게 부유(浮游)하고 어지러운 핸드 헬드 트릭 장면을 던질 필요가 없을 것도 같다. 이 영화의 장완정 감독은 홍콩 출신으로 뉴욕에서 영화공부를 한 여성 감독이다. 대표작으로 〈가을날의 동화〉, 〈송가황조〉 등이 있다. 이 아름다운 멜로 영화를 정치적으로 읽어 낸 오늘의 작업에 도움을 준 〈화양연화〉와 〈반생연〉, 〈아비정전〉, 〈색, 계〉에 경의를 표한다.

2008. 7. 11

기성세대는 무엇을 그렇게 기억하려 애쓰는가.

새로운 시대가 열리려면 이전 세대는 상징적인 죽음을 겪어야 한다.

그것이 문화와 역사의 흐름이다.

유리의 성

琉璃之城: The City Of Glass, 1998

개요 멜로/로맨스 | 홍콩 | 110분

감독 장완정

출연 여명(허항생), 서기(연루)

주민아의 시네마 블루

그의 마지막 선택

〈삼국지: 용의 부활〉

한때 중국 무협소설에 빠져서, DVD도 없던 시절에 비디오 대여점을 들락거리며 무협물 시리즈를 본 적이 있다. 비디오를 보기 전엔 김용의 무협소설을 보며 양과, 곽정, 장취산, 장무기, 조민 등 주인공들이 너무 좋아서 살아 숨 쉬는 친구같이 여기기도 했다. 중국 무협소설과 그 영상은 유구한 중국 역사 한 자락을 잘라 내어 배경으로 삼아, 황실과 강호 사람들이 서로 권력과 사랑으로 얽히는 인간 드라마를 연출한다. 홍콩, 대만, 본토의 감독들이 고전 무협영화보다 더 세련된 영상과 기술로 영화를 만들어 내면서 한때 중화권 무협영화는 걸출한 스타와 인기를 함께 누렸다. 이후 대가들이 작가주의와 탐미주의를 적절히 버무려 화려한 영상을 전 세계에 선보였지만, 기실 중국 역사 드라마의 핵심은 생생한 캐릭터에 있음을 간과한 작품도 꽤 있었다.

근래 중국은 올림픽을 앞두고 역사 정립이라는 대명제 앞에서 영상문화의 힘을 상당히 인식하고 지원하는 듯하다. 비록 겉으로 봐선 아무런 영향력을 행사하지 않는 것 같지만, 분명 홍콩과 본토의 감독들이 역사물, 특히 가장 중국적 인물을 주인공으로 내세우는 영화를 선보이는 현상은 당면한 중국의 역사적, 아니 더 정확히 정치·문화적 맥락과 맞닿아 있다. 영화 〈삼국지: 용의 부활〉(2008)은 그 제목만 보면 위·촉·오 삼국 시대와 유비, 관우, 장비, 조조로 대표되는 영웅들의 얘기라고 생각할 것이다. 그러나 이번 영화는 단 한 사람, 조자룡에 관한 드라마다.

유덕화(劉德華)가 이 영화에서 조자룡 역할을 맡았다는 소식을 들었을 때, 내심 불안하면서도 매우 가슴이 설레었다. 솔직히 〈묵공〉(2007)과 〈명장〉(2008)을 거쳐 그가 선보이는 역사적 인물의 내공이 예상보다 컸기 때문에 그 충격과 기쁨은 이루 말할 수가 없었다. 40대 이후 〈무간도〉 시리즈를 시작으로 유덕화는 그간의 경력과 연륜을 바탕으로 스크린을 압도하는 연기력과 눈빛을 유감없이 발휘하고 있는데, 이번 〈삼국지〉에서 조자룡으로 완전히 변신한 그의 모습은 짜릿한 전율을 느낄 정도였다. 이 영화는 지극히 개인적인 입장에서 볼때, 유덕화를 위한, 유덕화에 의한, 유덕화의 영화였다.

〈삼국지〉는 영웅의 업적이나 거시적인 관점에서 시대를 조망하지 않고, 그 시대를 온몸으로 부딪히며 살다간 한 인간에 초점을 맞춘다. 그 인물은 여느 영웅들처럼, 승리의 대명사로 각인되지만 어느 순간 내면으로 돌아온다. 처음 유비의 촉나라 군인으로 들어온 조자룡이 촉나라와 고향 상산의 자랑거리, 오호장군이 되는 순간까지 영화는 줄기차게 전쟁 장면을 빠르게 진행시킨다. 관객들이 조자룡이라는 개별 인물을

주민아의 시네마 블루

인식하는 것조차 불가능할 정도로 서로 뒤엉킨 참혹한 상황들이 배우의 연기와 그래픽 기술로 처리된다. 전쟁의 집단성과 획일성, 그 편재성은 개별적 상황을 허용하지 않는 폭력이기 때문이다.

유비가 죽고 제갈량이 유선을 대신하여 다시 북벌에 나서는 후반부 첫 장면에서 백전노장 조자룡은 마치 칩거에 들어갈 문신(文臣)처럼 백발을 단정하게 길게 땋고 도포자락을 휘날리며 등장한다. 봉명산에서 조영(매기큐)과의 대결을 앞두고 활을 맞고도 전장에서 절대로 갑옷을 벗지 않는 기개를 보이고, 어린 부하들의 피로 범벅된 마지막 전투를 지켜 보고 소리 없이 눈물을 흘린다. 여기까지였다면 그는 결코 특별한 주인공이 되지 못했을 것이다. 마침내 그는 마지막 순간 갑옷을 벗는다. 그 갑옷은 물리적으로는 오호장군 사당에 들어갈 마지막 갑옷이다. 그러나 이는 최후의 순간에 피로 물든 전쟁 영웅, 통일제국을 꿈꾸며 헌신했던 장군 조자룡이 아니라, "그저 같은 지점을 계속 돌고 돌면서 살아온" 한 남자의 삶으로 마감하려는 인간 조자룡의 선택이다.

중국 역사물의 매력은 바로 이런 휴머니즘적 낭만주의를 온전히 복원할 수 있고, 그것을 위해 적절한 역사적 인물을 찾는 데 주저하지 않는 점이다. 이 맥락에서 유덕화라는 배우가 지닌 진정성은 고스란히 조자룡이라는 새로운 모델에게 전이되어, 21세기의 관객들조차 기꺼이 동일시할 수 있는 캐릭터 조자룡이 탄생했다. 위나라 숙영지까지 들어가 유비의 아들을 구해 오면서 조조와 대면했을 때, 조자룡이 뿜어낸 울분과 승리의 대소(大笑)는 후반부 어린 부하들이 죽어 가는 모습을 지켜보며 흘리는 회루(悔淚)와 대조를 이룬다. 그건 총체적인 후회라기보다 유한한 삶을 타고난 인간이라면 누구나 마지막 순간에 다다르는 일종의 윤리적 순간이다. 비로소 나의 존재에 티끌 하나 없이 다가가는 순간, 그는 "이제 내가 가야 할 차례"라며 몸을 던진다.

죄책감과 타성에 젖은 역사물 속에서 유일하게 낭만적 감성을 잃지 않는 중국 역사영화와 그 배우들에게 무한한 애정을 아낌없이 보내고 싶다.

2008. 4. 11

삼국지: 용의 부활
Three Kingdoms, 2008

개요 액션, 드라마 | 중국, 한국, 홍콩 | 101분
감독 이인항
출연 유덕화(조자룡), 홍금보(나평안)
　　　　매기 큐(조영)
제작 태원엔터테인먼트
　　　　Visualizer Film Production Ltd
배급 SK텔레콤주식회사

주민아의 시네마 블루

푸른 삶의 향기

〈녹차의 맛〉

"세상엔 이해하지 못할 일이 있어. 하지만 그 세계와 동화되면 마음이 편해져. 무의식 속에 그런 세상이 있다고 생각하는 거지. 나만의 세상 이야기라고!" 엄마 요시코가 딸 사치코에게 들려주는 이 말은 〈녹차의 맛〉(2004)이 어떤 영화인지 함축한다. 이 영화의 주인공은 하루노 집안 3대 가족이다. 할아버지는 소리굽쇠를 들고 다니면서 엔카를 즐겨 부르는 괴짜다. 무심한 듯한 아버지는 전문 최면술사로 가끔 가족들에게도 최면을 걸어 준다. 엄마는 할아버지에게 만화 주인공 동작을 물어보면서 오랜만에 애니메이션을 완성한다. 오빠 하지메는 사춘기 중학생으로 전학생 아오이를 좋아하여 바둑부에 들어간다. 막내딸 사치코는 혼자 생각에 자주 빠지는데 그때마다 두 배나 큰 자기 분신이 찾아온다.

2시간 넘게 이들의 스토리를 따라가는 일이 그리 쉬운 건 아니다. 첫 장면, 까만 화면에 숨이 턱까지 차오르는 소리만 들린다. 순간 관객들은 호기심이 발동하고, 다음 순간 까만 교복 입은 평범한 남학생이 전철을 쫓아 논길을 뛰어온 걸 본다. '별 거 아니었군!'이라는 생각이 드는 순간, 방금 지나간 전철이 하지메의 이마를 뚫고 지나간다. 상상을 초월한 이 장면부터 영화에 대한 호기심은 팽팽하게 유지된다.

무엇보다 괴짜 몽타주처럼 보이던 영화가 삶의 향기를 진하게 풍겨 오는 부분은 할아버지가 돌아가신 이후의 이야기다. 돌아가시기 전, 아무도 못 보게 열심히 뭔가를 그리시던 할아버지의 뒷모습이 여기서 밝혀진다. 가족들은 할아버지의 방에서 각자 이름으로 남겨진 스케치북을 발견한다. 먼저 엄마 요시코가 비오는 날 우산을 들고 걸어가는 모습이 한 권 가득히 그려져 있다. 그것을 빠른 속도로 넘기니 엄마가 걸어가는 입체적인 모습으로 변한다. 비 오는 날 논길에서 엄마를 뚫어지게 쳐다보던 할아버지였다. 다음, 아빠 노부오가 어린 시절 배턴을 떨어뜨리고 달리기를 하던 모습이다. 할아버지의 기억에 아빠의 어린 시절이 크게 각인되었던 것 같다. 그리고 하지메가 아오이와 친해진 뒤 신나게 자전거를 타는 모습이 나온다. 할아버지는 손자의 마음을 꿰뚫고 있었던 것이다. 마지막으로 사치코가 숲속의 철봉대에서 성공적으로 회전하는 모습이 그려져 있다. 자꾸만 떠오르는 커다란 분신을 없애기 위해 삼촌의 이야기를 듣고, 숲속 철봉까지 갔던 사치코. 관객들은 그 아이를 쳐다보던 할아버지를 기억할 것이다.

가족들의 가장 소중하고 중요한 순간을 그림으로 남긴 할아버지. 카메라는 조금씩 그 집에서 멀어지면서 하늘로 향하고 마침내 한 점 구름 속에 멈춘다. 마치 하늘에 계신 할아버지가 그 장면을 흐뭇하게 바라보는 듯한 느낌으로 카메라가 움직인다. 그렇다. 삶은 바로 그러한 순간들이 하나씩 모여 만들어지는 것이다. 할아버지의 눈과 마음은 우리 삶의 강력한 한계인 시간과 공간을 초월하여, 고스란히 스케치북에 남았다. 이렇듯 이 영화 전반에 펼쳐진 가족의 일상은 평범하지만, 동시에 그 일상은 각자 독특한 감각으로 초현실화한다. 그런데 그때마다 다음 순간은 푸른 논, 살랑거리는 바람, 잔잔한 강물, 밤하늘의 달, 흩날리는 꽃잎 등 자연 풍경으로 마무리된다. 인물의 직업 설정도 이와 궤를 같이한다. 애니메이터는 종이 위의 단면 동작을 상상을 거쳐 생생하고 다채로운 장면으로 살려 낸다. 최면술사는 사람들에게 현실에서 잠시 벗어나 자기만의 세상을 경험하게 해 준다. 즉, 둘 다 인간의 판타지를 공식적으로 허용해 주는 것이다.

화면 가득 펼쳐지는 편안한 자연의 모습, 밤하늘 전철 지나가는 장면처럼 가끔씩 허를 찌르는 얘기들, 할아버지가 부르는 말도 안 되는 엔카도 어느 한 순간 조용히 마무리된다. 바로 그들이 차를 마실 때! 마지막 장면 시시각각 변하는 저녁 하늘의 노을처럼, 삶은 그 순간순간 고요함과 역동을 동시에 지니고 있다. 녹차는 할아버지의 마지막 선물처럼, 잠시 멈추고 그 순간을 감동으로, 그리고 종종 판타지로 바꿀 수 있는 좋은 매개체가 될 것 같다. 이는 영화라는 장르의 매력이기도 하다.

2007. 2. 26.

화면 가득 펼쳐지는 편안한 자연의 모습,

밤하늘 전철 지나가는 장면처럼 가끔씩 허를 찌르는 얘기들,

할아버지가 부르는 말도 안 되는 엔카도

어느 한 순간 조용히 마무리된다.

녹차의 맛
茶の味: The Taste Of Tea, 2004

개요 코미디, 드라마 | 일본 | 142분

감독 이시이 카츠히토

출연 반노 마야(딸 사치코)

　　　 사토 타카히로(아들 하지메)

　　　 아사노 타다노(아야노), 테즈카 사

수입 스폰지

배급 스폰지

저 달이 내 마음을 말해 주네

〈첨밀밀〉 그리고 〈화기소림〉

예전엔 미처 몰랐지만 시간이 갈수록 그 의미가 새삼 깊어지는 것들이 있다. 가령, 어렸을 땐 음악이 얼마나 사람의 마음을 움직이는지 잘 몰랐다. 요즘엔 음악의 존재 이유를 절실하게 느끼면서 고마운 마음마저 든다. 인간은 음악의 창조자이자 향유자이기에 시시때때로 동화되는 순간을 맞이한다. 오늘 초대할 영화는 거창하게 음악에 대한 이야기는 아니지만, 영화를 다 보고 나면 두 연인을 감싸는 소박한 노래가 오래도록 남는다. 아니, 누구라도 한 번쯤 경험해 봤을 그 유치한 일체감을 느낄 수 있다. 아, 저 노래가 내 마음을 대신하고 있군.

중국 대륙의 감성과 밤을 지배했다는 등려군의 "월량대표아적심(月亮代表我的心: 달빛이 내 마음을 말해 주네)"은 우리에게 가장 친숙한 중국어 노래로, 영화 〈첨밀밀〉(1997)의 성공과 더불어 애절한 연가로 널리 알려졌다. 〈첨밀밀〉은 1986년 홍콩과 1995년 뉴욕을 배경으로 이요(장만옥)와 소군(여명)의 10년간의 변함없는 사랑을 잔잔히 그린 수작이다. 1997년 개봉 당시, 이 영화를 혼자 극장에서 봤다. 대학원 발표 수업을 제대로 망쳤다고 기운 빠졌던 그 눈부신 봄날, 알고 보니 그날 그 영화가 극장에 걸린 마지막 날이었다. 그랬다. 마치 수백 번 릴을 돌리고 돌린 고전 흑백 영화를 보는 기분이었다. 스크린 위로 회색빛 빗물이 눈물처럼 흘러내릴 것만 같은 영상과 음악, 그 건조한 대사들이 죽을 만큼 아름다웠다.

그 아름다움의 한 자리에 바로 등려군의 노래가 있었다. 본래 상하이 출신인 두 남녀가 홍콩에 건너와 살면서, 대만 출신의 등려군의 노래를 좋아한다. 둘이 처음 만난 1986년, 그리고 10년 후 1995년 뉴욕 어느 거리 전파상 앞에서 등려군의 죽음을 알리는 TV 앞에 이요가 서 있고, 그 옆으로 소군이 다가온다. 1995년 5월, 42살에 미혼으로 세상을 뜬 등려군의 마지막 영상 앞에서 10년을 돌아온 연인이 마침내 미소로 재회한다. 두 사람에게 등려군은 바로 월하노인의 붉은 실이었던 셈이다. 진가신 감독은 이 영화로 1997년 홍콩과 대만영화제에서 작품상을 휩쓸었다. 이후 〈퍼햅스 러브〉(2006) 같은 음악을 곁들인 러브스토리를 연출한 진감독의 이력에 비추어 보건대, 이 영화는 중국어 노래의 화신이었던 등려군에게, 그리고 그녀의 노래에 바친 한 편의 유려한 명품 뮤직비디오일 것이다.

영화 〈화기소림〉(1994)에서도 아주 적절한 주제와 시점에서 등려군의 '월량대표아적심'이 연가로 흐른다. 칭(주윤발)과 메이(오천련)는 함께 밤하늘 달빛을 하염없이 바라보기도 한다. 물론 〈첨밀밀〉과 〈화기소림〉의 영화적 완성도와 내러티브의 충실도는 크게 차이가 난다. 그러나 〈화기소림〉은 미약하나마 1990년대 초반 개혁개방시대에 변화에 대한 중국인의 몸부림, 특히 미국과 일본 관계를 사소한 장면과 대화를 통해 드러낸다. 소림사에 등장한 야구와 콜라, 초밥과 컴퓨터게임기, 시세이도 샴푸(요즘 같으면 PPL이라고 했을지도). 엄격한 소림사의 규율과 미국적 관용주의. 하지만 결국 "옳은 것이 그르고 그른 것이 옳다"라는 부처의 말씀으로 이 대결 구도를 단번에 깨뜨리고, 나중에 칭이 중국에 남아 메이와 재회하는 윤리적 근거를 마련한다. 그는 미정보부 요원으로 중국의 국보를 반입하라는 명령을 받고 소림사에 들어왔던 중국계 미국인이었다.

　메이의 초능력으로 간절히 마음을 모은 순간 하늘을 날아 눈송이와 나무 사이를 구름처럼 흘러가는 두 사람의 모습은 이 영화에서 가장 인상적이다. 메이를 구하기 위해 비장한 태도로 폭발 장치를 준비하는 칭과 식당 안에서 무기력하게 기다리는 메이의 영상 위로 '월량대표아적심'이 흐른다. 축복의 폭죽 대신, 밤하늘에 터지는 조야한 폭발과 불길, 총소리, 깨진 유리병. 이 죽음의 길목에서 적과 적이 총을 겨눈 그 순간, 메이의 초능력으로 눈송이가 떨어지고 '월량대표아적심'이 흐르면서 둘은 무사히 살아난다. 그로부터 2년 후 그때 그 기차역에서 과거를 회상하던 메이 앞에 칭이 나타나고, 그 순간 너무도 당연하게 '월량대표아적심'이 흐른다. 지난 세월은 결국 '초승달이 보름달이 되어 가는' 과정이었던가. 두 연인은 너무도 담담하게 사랑을 이룬다.

　비록 줄리엣은 로미오에게 "날마다 변하는 달에게 사랑을 맹세하지 말라"고 했지만, 저 밤하늘 달과 별에게 마음을 주고 눈물을 뿌려 본 사람은 안다. 달 밝은 밤에 저 달이 그저 하늘에 걸린 별이 아니라, 정녕 내 마음이자 사랑이었으면 했던 그 여리디여린 바람이 있었음을. 누군가는 그러더라. 비오는 날 이 노래를 듣고 있으니 '그저 죽고 싶은' 심정이 들더라고. 아마도 죽을 만큼 그리운 사람이 있었으리라. "저 달이 내 마음을 말해 주네!"

2008. 4. 25

화기소림
旗少林, Treasure Hunt, 1994

개요 액션, 판타지, 코미디 | 홍콩 | 111분

감독 유진위

출연 주윤발, 오천련

제작 곡미려

첨밀밀
Comrades, 1996

개요 멜로/로맨스, 드라마 | 홍콩 | 118분

감독 진가신

출연 여명(소군), 장만옥(이요)

제작 진가신 Peter Chan Ho Sun

그리움은 블루

〈성월동화〉

정말이지 놀라운 상황을 맞이했을 때, 우린 흔히 영화 같다는 표현을 한다. 매년 4월 1일 만우절엔 하얀 거짓말로 주변 사람들과 함께 즐거워하지만, 이 만우절이 일순간 정말 '거짓말 같은' 날이 된 적이 있었다. 바로 홍콩 배우 장국영이 죽은 2003년 4월 1일. 우리나라 사람도, 우리와 가까운 친구도 가족도 아니었지만 우리 세대의 우상이었던 그의 죽음은 그 상황만큼이나 너무나 충격적이어서 그 후로도 4월 1일은 장국영을 떠올리는 날이 되었다. 그날 나는 영화 〈풍월〉(1996)에 나왔던 그를 떠올리면서 엔딩곡 'A thousand dreams of you'를 듣고 또 들었다. 영화를 통해 우리 곁에 머물렀던 배우를 위한, 아니 한 존재를 위한 추모였다. 장국영은 그렇게 꿈으로, 그리움으로 변해 갔다.

〈영웅본색〉(1986) 마지막 공중전화 장면에서 아들의 이름을 말하여 죽어 가는 장면을 얼마나 따라했던가. 〈천녀유혼〉(1987)과 〈영웅본색〉

에서 그는 아름답고 신비한 미소를 지닌 청년이었다. 〈패왕별희〉(1993)가 그해 칸영화제에서 황금종려상을 받은 후, 『뉴스위크』의 데이비드 앤슨 (David Ansen)은 1993년 11월 1일자 리뷰에서 "진짜 문화 혁명"이라는 제목으로 이 영화를 소개하며 주인공 장국영에겐 "Amazing"이라는 한 단어로 찬사를 보냈다. 당시 대학시절 나는 그 리뷰 부분만 잘라서 보관한 적 있다.

그의 멜로 영화도 인상적인데, 역시 요절한 매염방과 찍은 〈연지구〉(1987)는 그 미묘한 분위기가 압권이다. 죽음과 삶의 공간을 오가는 이 신비한 분위기는 〈천녀유혼〉에서 절정에 달하지만, 사실 어둠과 밝음이 적절히 조화된 현대적인 멜로 영화 〈성월동화〉(1999)도 유사한 맥락의 러브 스토리이다. 이 영화를 다 보고 나서야 너무 늦게 본 나만의 변명을 떠올릴 수 있었다. 사실 유덕화의 멜로는 매우 아름답지만 늘 애절하게 끝이 나고, 숨죽여 울면서 슬픔을 참아 가며 먼 길을 떠나 버린다. 보고 있으면 그 엷은 미소 속에 얼마나 큰 슬픔을 안고 있는지 가슴이 먹먹해진다. 그런데 장국영의 멜로는 해피엔딩임에도 너무나 애절하고, 숨죽여 울어도 그 슬픔의 소리는 멀리까지 퍼진다. 그래서 보고 있으면 그 엷은 미소와 흩날리는 머리칼 사이로 스치는 작은 바람마저 가슴을 파고든다. 행여 그리움 때문인가.

경찰 신분으로 조직 내에서 언더커버를 수행하는 가보는 위기의 순간, 엘리베이터에서 내린 한 여자를 안고 키스한다. 그건 남자에겐 단순히 위기를 모면하려는 수단이었지만, 그 여자 히토미에겐 죽은 약혼자와 똑같이 생긴 남자가 눈앞에 나타난 놀라운 순간이었다. 이후 위기에 처한 가보가 히토미가 있던 집으로 찾아옴으로써 둘은 알 수 없는 감정에 휩싸인다. 자신과 똑같이 생긴 죽은 약혼자의 사진을 본 가보에게 히토미는 딱 한 번만 그 사람이 되어 달라고 부탁한다. 약혼자가 일기장에 남긴 루트를 따라 영화관, 레스토랑, 빅토리아 피크를 다니면서 둘 사이엔 선한 사랑이 찾아온다.

가보에게도 언더커버 활동을 하는 것 자체를 견디지 못한 애인이 6년 전에 자살한 아픔이 있다. 그는 마지막 활동을 수행하기 위해 히토미를 안전한 곳에 데려다 주는데, 이곳에서 죽은 애인의 언니가 말을 키우며 저녁엔 흥겨운 술집을 운영한다. 여기서 둘은 사랑을 확인하지만 다음 날 히토미는 공항으로, 가보는 경찰본부로 각자의 길을 떠난다. 만약 유덕화 영화였다면 영화 속 어느 위기의 순간에서 그가 죽거나 혹은 다른 이유로 사랑하는 여자와 다시 만나지 못했을 것이다. 하지만 이건 장국영 영화다. 혼자지는 노을을 바라보던 장국영 뒤로 히토미의 뮤직 박스 멜로디가 들려오고 그들은 처음 만난 커플처럼 이름을 나누고 포옹한다. 너무 반갑고 놀라운 마음에 순간 고개를 숙이면서 미소 짓는 장국영의 몸짓은 그리움과 사랑이 어떤 모습으로 드러날 수 있는지를 가장 잘 보여 준다.

그들을 따라 펼쳐지는 공간은 거의 푸르스름한 빛깔을 유지한다. "해가 지고 나서 완전히 어두워지기 전, 하늘을 뒤덮은 블루!" 여행가이자 시인인 조병준은 에세이 『사랑을 만나러 길을 나서다』(2006)에서 가장 좋아하는 빛깔을 이렇게 표현하며 '트와일라이트 블루'라는 이름을 붙였다. 영화 〈성월동화〉는 바로 그 트와일라이트 블루 빛깔이다. 영어 타이틀 'Moonlight Express'도

그 푸르스름한 블루와 잘 어울린다. 해 질 녘이면 언제나 누군가가 그리워
지곤 했다는, 그 누군가가 문득 떠오른다. 이 영화의 블루는 우울함을
건너간 애잔한 그리움이다. 영화는 그들이 처음 부딪힌 엘리베이터 앞
의 키스 장면과 가보의 대사로 마무리한다. "오랫동안 기다렸는데 왜 이제
온 거야?" 이렇게 우리는 영화를 통해 끊임없이 장국영에게, 또는 그 누군가에
게 진한 추억과 그리움을 전하고 있다.

2008. 5. 9

성월동화
星月童話: Moonlight Express, 1999

개요 멜로/로맨스 | 홍콩, 일본 | 102분
감독 이인항
출연 장국영(다츠야/가보), 토키와 타카코
(Tokiwa Takako, 히토미)
제작 답가진, 정진방, 이치세 타카시게

순간을 영원으로 이끄는 아름다운 존재

<박사가 사랑한 수식>

한여름의 어느 오후, 저 텅 빈 하늘 위에 내 마음의 직선을 그려 본다. 끝점도 없이 지속되는 직선의 한쪽 끝엔 뭐가 있을까. 비 그친 뒤 잠시 나타났다 사라지는 무지개 너머 그 무언가를 상상하듯, 인간의 마음이 그리는 직선의 끝에는 다름 아닌 그 마음이 있을 뿐이다.

여기 한 사람이 있다. 케임브리지에서 수학 박사학위를 받은 남자는 19년 전 교통사고의 후유증으로 심각한 기억장애를 안고 살아간다. 하루 24시간 중, 단 80분의 시간만을 기억할 수 있는 운명. 80분이 지나면, 그에겐 모든 게 낯설고 새로운 것뿐이다.

그리고 한 여자가 있다. 박사의 형과 결혼했지만 여자와 박사는 서로 사랑하는 사이였고, 둘 사이에 새 생명까지 잉태되었지만 둘은 이루어지지 못했다. 박사가 케임브리지에서 귀국한 직후 형은 죽었고, 이후 두 사람은 명절 가면극을 보러 가던 길에 교통사고를 당한다. 여자는 다리를 다쳐 절뚝거린 채 19년을 살아왔는데, 기실 그녀의 장애는 다리가 아니라 스스로를 용서하지 못하는 마음의 장애였다.

이 두 사람은 서로 안채와 별채에 따로 살고 있고, 여자는 별채를 담당할 가정부를 고용한다. 쿄코는 박사의 10번째이자 마지막 가정부이다. 아이러니하게도 쿄코도 차마 결혼할 수 없는 남자를 사랑했고, 그 남자의 아이를 기르면서 가정부로 생활을 이어 간다. 박사와 형수 간의 이루어질 수 없는 구조를 염두에 둔다면, 유사한 사랑의 구조를 지닌 쿄코가 이 집에 들어온 건 결코 우연이 아니다.

쿄코의 10살짜리 아들은 어린아이답지 않은 속 깊은 배려와 아버지라는 존재에 대한 동경으로 박사를 존경하고 잘 따른다. 본인을 아무 쓸모없다고 생각하던 박사의 세상으로 두 모자(母子)가 들어옴으로써, 끝점을 서로 연결한 삼각형 구조가 성립된다. 이 삼각형 구조는 사랑을 주고받는, 보이지 않는 감정의 세계로, 4월의 벚꽃과 민들레 홀씨처럼 서로의 마음에 살며시 내려앉는다.

형수는 이 구조를 알았으나, 현실이라는 굴레와 진리/사랑을 찾을 용기가 없어서 생명을 포기했었다. 박사가 형수에게 보낸 편지 속에는 해답이 영원히 마이너스 1(−1)이 되는 공식이 적혀 있다. 그리고 박사는 그녀의 고통을 오롯이 자기가 짊어지겠다고 했다. 한편 이 삼각형 구조에서 본인의 존재가 빠져 있음을 감지한 형수는 쿄코를 내보낸다. 그러나 박사와 함께한 시간의 가치를 진심으로 호소하는 쿄코와 루트 앞에서 박사는 기억 장애라는 본인의 현실을 인정하고, 단순히 시간의 흐름에 생을 맡기는 선택을 함으로써 비로소 과거의 상처와 시간 구조에서 벗어난다.

이때 박사가 적은 수식은 서로 전혀 무관한 끝없는 무리수 e와 π, 상상의 수 i를 곱한 수에 1을 더해 제로(0)가 된다는 오일러의 공식이다. $e\pi_i$+1=0 전혀 다른 삶을 살았던 박사와 쿄코, 루트. 이들이 뭉치고, 거기에 모든 인간과 사물의 존재 개념인 하나가 더해지면 무관할 것 같던 사람과 사물들 간의 결합도 어찌되었건 0이라는 존재의 수로 나타나며, 그건 동시에 유(有)이자 무(無)가 된다.

삶의 무한한 시간은 현재의 한 순간에 도달하면 구체적인 존재가 된다. 그래서 기억하지 못하는 시간들이 완전 무로 귀결될 것 같지만, 그 시간은 결코 사라지지 않는다. 끝이 없는 시간의 직선은 서로를 연결하는 마음과 사랑으로 투영된다면 절대로 멈추는 법이 없다.

수학의 공식과 삶, 존재를 아우르는 이 영화의 미덕은 인간에게 '있는 그대로의 시간'에 충실할 것을 부탁하는 고전적인 교훈에 있다. 그리고 일견 외롭고 기댈 곳 없는 일(1), 하나라는 존재가 결국 서로 다른 여러 가지를 한데 모아 조화를 이룬 전체의 모습이라고 역설함으로써, 자연과 인간의 고독한 존재를 아름다운 우주로 형상화시킨다.

마지막 스크린에 비처럼 눈물처럼 흐르는 구절은 시간의 굴레를 벗어버린 순간의 영원성을 강조한다.

"한 알의 모래에서 하나의 세계를 보고, 한 송이 들꽃에서 하나의 천국을 보고, 손바닥에 무한을 실어, 한 순간 속에서 영원을 느낀다."

이렇듯 시간의 가치는 한정적 질량이 아니라, 변함없는 사랑의 지속성으로 판단되어야 할 것이다. "불변의 진실은 눈에 보이지 않는 것이며, 진실의 직선은 가슴속에만 존재하니 이 세상은 눈에 보이지 않는 것이 보이는 것들을 지배하고 있는 셈이다."

2004년 발표된 오가와 요코의 동명 소설을 원작으로 삼은 이 영화는 유한한 시간을 타고난 인간에게 그 유한성을 이기는 것은 다름 아닌 충실한 순간과 사랑임을 알리는 아름다운 작품이다.

여기 두 사람이 있다. 10년이 넘는 오랜 시간을 얼굴 한 번 마주치지 않은 채 살았다고 해도, 그들 사이의 사랑의 시간은 결코 멈추지 않았다. 순간이 영원으로 이어지는 그 별빛 무리에 바로 내가 있고, 그대가 있으니 나와 그대는 영원을 살고 있음이라.

2008. 8. 1
.

박사가 사랑한 수식 The Professor
And His Beloved Equation, 2005

개요 드라마, 가족, 멜로/로맨스 | 일본 | 116분
감독 코이즈미 타카시
출연 테라오 아키라(박사), 후카츠 에리(쿄코)
제작 스폰지
배급 스폰지

이렇듯 시간의 가치는 한정적 질량이 아니라,
변함없는 사랑의 지속성으로 판단되어야 할 것이다.
「순간을 영원으로 이끄는 아름다운 존재」

아메리칸 블루

American blu

Et
au milieu
coule une
Riviere
http://www.projet.co.kr

긴 역사의 어느 한순간 내 존재를
아낌없이 바쳐 살았다는 사실,
그것이 바로 불멸의 증거이며
신조차 시기하는 인간 필멸의 아름다움이다.
「그대, 불멸을 원하는가!」

미학과 현실, 죽음과 아름다움이 교차하는
미묘한 이 순간은 이름 모를 무언가에 대한
경외심으로 꽉 차 오른다.
「고요의 창(槍)을 관통하는 아담」

그대, 불멸을 원하는가!

〈트로이〉

유한성, 혹은 필멸성은 인간 존재의 핵심이지만 동시에 서글픈 사실이기도 하다. 우리 세대에게 2000년대는 인생의 무대 위에서 어쩔 수 없이 물러나야 하는 시간이 될 테니, 비록 2006년을 살아가지만 어쩐지 우울하다는 생각을 떨쳐 버릴 수가 없다.

영화 〈트로이〉(2004)는 이런 인간의 필멸성에 관한 질문으로 시작한다. 일견 그리스 신화에 바탕을 둔 전형적인 할리우드식 전쟁 영화 같지만, 잘 살펴보면 곳곳에 삶과 인간에 대한 예리한 성찰이 숨어 있다. 그것이 바로 원작인 호메로스의 거대 서사시가 뿜어내는 미덕이며 〈트로이〉를 지탱하는 힘이다. 개봉 후 많이 회자되었던 아킬레스의 멋진 대사로 오늘 우리의 오디세이아를 시작해 보자.

"신은 인간을 시기하지. 왜? 인간은 결국 죽기 때문이야. 언제든 최후의 순간을 맞이할 수가 있어. 그래서 지금, 바로 지금의 모습이 가장 아름답

주민아의 시네마 블루

지. 이 순간은 다시 돌아오지 못하니까 말이야."

죽음 앞에서 더욱 빛나는 존재. 인간의 필멸성은 비장한 미(美)의 차원으로 승화된다. 신화 속의 영웅들은 죽음 앞에서 더욱 용감하게 행동하고 범인(凡人)들이 차마 넘지 못하는 죽음이라는 세상을 향해 가장 멋진 모습으로 접근한다. 그렇다면 이 전쟁 영화의 하이라이트로 자리 잡은 두 영웅의 출사표를 들어 보자. 트로이의 용감무쌍한 왕자 헥토르와 그리스의 거침없는 전사 아킬레스는 각자의 역할과 이미지에 딱 맞는 출사표를 던진다.

헥토르: "내 삶의 원칙은 간단하다. 첫째, 신을 숭배하라. 둘째, 아내를 사랑하라. 셋째, 조국을 수호하라. 자, 트로이의 아들들이여! 우리의 어머니인 조국을 위해 싸우자!"

아킬레스: "세상의 어느 강대한 군대가 온다 해도 난 여러분과 함께 싸울 것이다. 우리가 무서운 존재임을 저들에게 보여 주자. 저 해안가 너머에 무엇이 기다리고 있는지 아는가? 바로 불멸이다!"

〈가을의 전설〉(1994) 이후 전 세계 여성들의 연인이 된 브래드 피트에게 큰 관심이 없었던 나는 개인적으로 '불멸(immortality)'을 목 놓아 부르짖는 이 장면에서 비로소 그의 참 매력을 느꼈다. 가정과 나라, 신에게 신의와 충성을 다하는, 참으로 현실적인 삶의 원칙을 외치는 헥토르에 비해 아킬레스가 구사하는 단어는 차라리 시인에 가깝다. 마치 현실을 뚫고 지나가 다른 세계로 진입하려는 낭만주의의 총아인 것처럼 보인다.

동생 파리스가 헬렌을 데리고 도망치는 바람에 힘겹게 성사시킨 평화 협정이 물거품이 되어 다시 전쟁터로 가야 하는 헥토르는 결코 자신의 운명을 탓하지 않고 당당히 나아간다. 장차 트로이의 왕이 될 첫째 왕자로서, 그 시대 최고의 전사로서 자신의 역할에 충실한 헥토르는 정치·사회적으로 보자면 가장 바람직한 지도자라고 할 만하다. 그러나 영화 보는 내내 이런 그의 모습에 연민이 생기고, 오히려 아킬레스의 칼끝에서 전율과 감동이 느껴지는 걸 보면 우리 마음속 어딘가에도 현실을 넘어서 보려는 묘한 욕망이 있는 것이리라. 죽음까지도 불사하고 욕망의 최대 극한까지 밀어붙여 급기야 인간의 유한성을 불식시키는 불멸의 의미는 과연 무엇일까. 〈트로이〉의 마지막 내레이션은 이렇게 대답한다.

"세월 따라 인간이 스러져 가도 이 영웅들의 이름은 결코 사라지지 않아. 헥토르와 아킬레스의 시대에 나도 함께 했었다고, 후세 사람들은 말하게 되겠지."

긴 역사의 어느 한순간 내 존재를 아낌없이 바쳐 살았다는 사실, 그것이 바로 불멸의 증거이며 신조차 시기하는 인간 필멸의 아름다움이다. 물론 개인의 실질적인 죽음을 승화하기란 얼마나 어려운 일인가. 그러나 영화는 이 사실을 창조적으로 재현함으로써 인간의 내밀한 욕망과 진선미(眞善美)를 안전하게 펼쳐 보인다.

2006. 5. 26

주민아의 시네마 블루

세상의 어느 강대한 군대가 온다 해도 난 여러분과 함께 싸울 것이다.

우리가 무서운 존재임을 저들에게 보여 주자.

저 해안가 너머에 무엇이 기다리고 있는지 아는가?

바로 불멸이다!

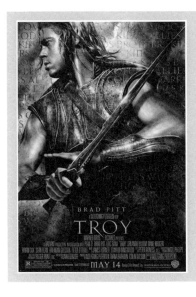

트로이
Troy, 2004

개요 액션, 드라마, 전쟁, 모험 | 미국 | 163분

감독 볼프강 페터젠

출연 브래드 피트(아킬레스)

　　　에릭 바나(헥토르), 올랜도 블룸(파리스)

제작 워너 브러더스 코리아(주)

배급 워너 브러더스 코리아(주)

우리 모두 여기에

〈어바웃 슈미트〉

서로 다른 이야기 속에서 다양한 캐릭터로 등장하여 우리를 즐겁게 하는 배우들이 있다. 어느 영화 팬들에게나 독특한 개성으로 기억되는 그들 중에서 잭 니콜슨도 빠지지 않을 것이다. 따로 소개하거나 설명하지 않더라도 최고의 연기로 인정받는 그의 영화를 보는 일은 늘 즐겁다. 〈뻐꾸기 둥지 위로 날아간 새〉(1975)는 이미 고전이 되었고, 최근엔 그의 이미지와 전혀 어울릴 것 같지 않은 로맨틱 캐릭터로 개성을 유감없이 발휘하고 있다. 〈이보다 더 좋을 순 없다〉(1997)의 멜빈과 〈사랑할 때 버려야 할 아까운 것들〉(2003)의 해리는 매우 사랑스러운 인물이었다. 오늘 얘기할 〈어바웃 슈미트〉(2002)는 시간 구조와 스토리를 볼 때 어쩌면 멜빈과 해리, 더 나아가 우리 모두의 황혼기를 그리고 있는지도 모른다.

40년의 직장 생활, 42년의 결혼 생활. 그 무기력하고 서글픈 끝을 보는 워렌 슈미트. 늙어 버린 아내는 눈에 거슬리고 딸 지니는 전혀 마음에 들지 않는 남자와의 결혼을 고집하고 있다. 어느 날, 외출한 사이 아내가 갑작스럽게 세상을 떠나면서 그의 방황과 자기 찾기가 시작된다. 상실감과 외로움으로 아내를 그리워하던 중, 30년 전 이웃에 사는 친구 레리가 헬렌에게 보낸 연애편지를 보고 단번에 아내의 물건을 내다 버리고 친구를 한 대 먹이는 슈미트의 변화 과정이 흥미롭다.

잭 니콜슨 특유의 턱에 약간 힘을 주면서 눈을 부라리는 표정은 희로애락의 그 어느 순간에도 잘 들어맞는다. 밤중에 갑자기 딸을 보러 여행을 시작하지만, 반기지 않는 딸과의 통화를 뒤로 한 채 고향 네브라스카와 대학을 다녔던 캔자스로 발길을 돌린다. 그 여행길은 우연치 않게 고통과 상실을 겪으며 서부를 개척했던 조상의 역사와 맞닿아 있는데, 슈미트의 때 아닌 (마침) 여행도 자그마한 자아 발견의 역사를 다시 쓰는 일이 아니었을까. 여행의 물리적인 결말은 덴버에서 열리는 딸의 결혼식이지만, 그 화학적인 결말은 눈물을 흘리는 슈미트의 마지막 장면에서 잘 드러난다.

여행 중, 별이 총총한 밤하늘 아래 차 지붕에 올라가 촛불을 켜 두고 죽은 아내에게 말을 거는 장면이 있다. "용서해 주겠소?"라는 질문에 마치 대답이라도 하듯 별똥별이 떨어지고, 놀란 슈미트는 십자성호를 긋는다. 참으로 아름다운 장면이다.

여행의 막바지, 친구 레리에게 전화를 걸어 속마음을 전하려 하는데 야속한 음성 메시지 시스템은 그것조차 허락하지 않는다. 비오는 거리 한가운데 전화 부스에서 어쩔 줄 몰라 하는 그의 표정과 행동은 잊혀지지 않는다. 아름답고 쓸쓸한 이 분위기를 팽팽하게 유지시키는 것은 전편에 깔리는 음악이다. 사티의 '그로시엔느'를 비롯해 음악을 담당한 작곡가 롤

프 켄트의 서정적인 선율은 슈미트와 이어진 관객의 마음을 촉촉하게 적신다.

그리고 '엔두구'에게 보내는 편지가 있다. 42년간 살았던 아내에게도 목숨만큼 사랑하는 딸에게도 말하지 못하는 내면의 편린들이 그 편지에 오롯이 담겨 있다. 아프리카 탄자니아의 6살짜리 꼬마 '엔두구'는 슈미트가 광고를 통해 부모 결연을 맺은 아이이다. 좀 빡빡하게 보면 이 관계의 문화적, 정치적 뉘앙스도 있지만 일단 제쳐 두자. '엔두구'에게 보내는 편지는 전부 슈미트의 내레이션으로 처리된다. 그 편지는 슈미트에게 일종의 '선한 도피처'가 되어 주고, 여행을 끝내고 집으로 돌아와 존재와 죽음을 생각하며 분노와 고독의 중간쯤 서 있는 그에게 '삶의 의미'를 던져 준다.

"우리는 작은 존재에 불과하다. 그런 우리가 삶에서 기댈 수 있는 건 작은 변화뿐이다. 과연 이번 여행에서 얻은 작은 변화는 무엇일까? 이제 죽음밖에 남지 않은 삶, 돌아보니 내 삶이 누구에게라도 도움이 되었던 적이 없구나."

이 순간 엔두구가 보내 온 그림을 보며 진한 눈물을 흘리는 슈미트. 부가 장면 없이 곧바로 엔딩 크레디트로 넘어가는 이 결말을 보면서, 사실 눈물에 섞인 웃음의 의미와 가치가 금방 정리되진 않는다. 아니 너무 잘 알 것 같지만 그 이유는 따로 있는 게 아닐까. 분명 우리는 이 순간, '어바웃 슈미트'가 아니라 '어바웃 미(about me)', '어바웃 어스(about us)'를 떠올리고 있을 테니까.

2006. 7. 1

우리는 작은 존재에 불과하다.

그런 우리가 삶에서 기댈 수 있는 건 작은 변화뿐이다.

과연 이번 여행에서 얻은 작은 변화는 무엇일까?

이제 죽음밖에 남지 않은 삶, 돌아보니 내 삶이 누구에게라도

도움이 되었던 적이 없구나.

어바웃 슈미트
About Schmidt, 2002

개요 드라마, 코미디 | 미국 | 125분

감독 알렉산더 페인

출연 잭 니콜슨(워렌 슈미트)

수입 나래필름

배급 콜럼비아트라이스타

내 안에 내가 있다?

〈빙 줄리아〉

"알다시피 난 또 다른 연극을 하고 있잖아." 오랜만에 들어 보는 통쾌한 대사다. 고전 시대부터 희극엔 비극과 다른 미묘한 아픔과 통쾌함이 공존한다. 영화 〈빙 줄리아〉(2004)는 그 사실을 증명한다. 영화 속 두 편의 연극은 각각 비극과 희극으로 주인공 줄리아의 실제 삶과 궤를 같이 한다. 먼저 '안녕 내 사랑'이란 제목의 비극. 영화에서는 화장이 다 지워질 정도로 눈물을 쏟으며 "Farewell, my love!"라고 대사를 외치는 마지막 장면만이 반복된다. 보는 동안엔 줄리아의 심경 변화에 따라 똑같은 장면이 어떻게 다르게 표현되고 있는지 관심을 두었다. 하지만 영화가 끝나고 보니, 그건 일종의 함정이었다. 마지막 희극 '요즘 생활(Nowadays)'의 통쾌한 웃음을 위해 그렇게 눈물을 반복했던 것이다. 그 통쾌함은 실제 삶과 무대를 가릴 것 없이 '연기'로 존재했던 그녀가 '참다운 줄리아의 모습(Being Julia)'을 찾았기 때문에 가능했다.

로저는 줄리아 앞에서 아버지 마이클을 가리켜 "늘 한 가지, 매너 좋은 영국 신사 역할"이라고 꼬집는다. 그리고 "식당 종업원과 아버지, 모든 이들 앞에서 연극하며 겉과 속이 다르게 사는 어머니와 같은 삶을 살지 않겠다"고 따뜻하지만 날카로운 충고를 던진다. 마지막 장면, 줄리아는 젊은 애인 톰과 남편 마이클을 차지한 상대 여배우를 무너뜨리기 위해 대본을 무시하고 절정의 연기를 펼친다. 물론 무대 위의 복수 대상은 여배우였지만 사실상 그녀가 무너뜨린 것은 자신의 위선과 허울, 나약함이었다. 즉, 위선과 권태의 무대를 존재와 열정의 장으로 스스로 변화시킨다. 그 뜻을 이해한 로저는 객석에서 존경의 인사를 보낸다.

사실 줄리아가 톰과 연애하는 모습은 삶의 활기를 되찾기 위해 고군분투하는 중년 여자 캐릭터에서 크게 벗어나지 않는다. 톰이 떠나려 하자 눈물 연기로 붙잡기까지 하는데, 솔직히 말하면 중간에 이런 의심도 해 봤다. 줄리아의 무대로 돈을 버는 마이클이 요즘 부쩍 지쳤다고 하소연하는 그녀를 달래기 위해, 혹시 일부러 톰이라는 남자를 끌어들인 게 아닐까? 아무리 봐도 속을 알 수 없는 배우 제레미 아이언스의 연기 탓이었을까.

〈M. 버터플라이〉(1993)나 〈로리타〉(1997) 속의 알 듯 말 듯한 표정과 최근 〈베니스의 상인〉(2004)에서 오만과 두려움, 비겁함 혹은 나약함이 교묘하게 섞인 그의 연기를 잊을 수가 없다. 영화 속의 또 다른 연극이라는 삶의 아이러니를 이처럼 요란하지 않으면서도 멋지게 소화할 배우는 흔치 않을 것이다. 첫 장면 그와 아네트 베닝이 커플로 나올 때, 그것 참 묘하게 잘 맞는 캐스팅이라 생각했다. 〈러브어페어〉(1994)나 〈대통령의 연인〉(1995)에서 우아한 자태와 눈부신 미소로 아름답던 그녀에게

〈아메리칸 뷰티〉(1999)의 캐롤린처럼 뭐랄까, 늘어난 주름살 뒤에도 도발적인 면이 숨어 있다. 완벽하게 줄리아를 재현한 아네트 베닝에게 찬사를 보낸다.

줄리아에게 배우의 가치를 가르친 지미는 죽은 지 이미 15년이 지났지만, 결정적인 순간마다 실제 인물처럼 등장하여 그녀를 채근한다. "너에겐 무대가 있는 극장이 리얼리티이고, 세속 인간의 삶은 판타지에 불과해." 이 말은 줄리아의 삶을 돌고 돌아 마침내 욕망과 열정에 충실한 연기로 기립 박수를 받은 그녀에게 마이클이 던지는 대사로 절정에 이른다. "당신의 리얼리티는 연극 무대 속에 있어!" 교묘하게 진실에 접근하는 그 틈새가 다시 한 번 통쾌하다.

떠들썩한 파티를 뒤로 한 채, 혼자 레스토랑에 온 줄리아. 차가운 맥주 한 잔을 시원하게 마신다. 이 영화의 통쾌함은 차가운 맥주를 넘기는 경쾌한 소리로 마무리된다. 마지막 장면, 무대와 현실을 운운하는 지미에게 "어리석긴, 틀렸어! rubbish!"라고 응수하는 줄리아의 단단한 표정이 생생하다.

복잡 미묘한 인간 내면 묘사의 대가 서머셋 모옴의 원작의 힘도 무시할 수 없다. 또 레스토랑에서 나오는 노래는 거의 줄리아의 행동과 내면을 반영하고 있어 흥미롭다. 자, 시원한 맥주 한 잔과 함께 줄리아의 경쾌한 웃음과 통쾌한 삶의 장면을 보면서 떠올려 보라. 나의 무대, 나의 삶, 그 까칠한 두 얼굴의 리얼리티!

2006. 9. 1.

"너에겐 무대가 있는 극장이 리얼리티이고, 세속 인간의 삶은 판타지에 불과해." 이 말은 줄리아의 삶을 돌고 돌아 마침내 욕망과 열정에 충실한 연기로 기립 박수를 받은 그녀에게 마이클이 던지는 대사로 절정에 이른다. "당신의 리얼리티는 연극 무대 속에 있어!" 교묘하게 진실에 접근하는 그 틈새가 다시 한 번 통쾌하다.

빙 줄리아
Being Julia, 2004

개요 드라마, 코미디 | 캐나다, 미국, 헝가리,
영국 | 103분

감독 이스트반 자보

출연 아네트 베닝(줄리아 램버트)
제레미 아이언스(마이클 고슬린)

제작 로버트 란토스, 산드라 커닝햄
마크 머셀맨, 줄리아 로젠버그
케밴 반 톰슨

낭만은 가도, 추억은 남는 것

〈카사블랑카〉

'카사블랑카'란 단어의 울림만으로도 가슴이 울컥 소리를 낸다. 그리곤 저 멀리 시선이 돌아간다. 분명 이런 추억을 가진 세대가 있을 것이다. 그런데 오늘 수업 시간에 영화 〈카사블랑카〉(1942)의 마지막 작별 장면을 켜 놓았지만, 학생 50명 중에 이 영화를 본 사람은 하나도 없었다. 일부러 가을이 깊어가고 초겨울로 향하는 이 시기에 맞추어 잡았건만. 아! 이 영화를 모른다고 큰일 난 건 아니지만, 정말 누군가의 말처럼 "이제 우리 시대의 낭만은 진짜로 끝난 것인가".

영화 역사상 카메라 앞에서 가장 아름다웠다는 잉그리드 버그먼. 우아하고 기품 넘치는 그녀의 미모는 흑백 영상을 압도한다. 특히 피아노 연주자 샘에게 옛 추억의 노래를 부탁하며 흥얼거리는 모습은 참으로 사랑스럽다.

"샘, As time goes by를 연주해 줘요."

이 영화를 한 번이라도 본 사람이라면 영화 대사나 장면을 기억하진 못하지만, 누구나 이 노래를 듣고 아련하게 〈카사블랑카〉를 떠올릴 것이다. 이 노래에 가장 아픈 사람은 남자 주인공 릭이다. 그리 잘 생기지도, 오히려 부담스러운 얼굴에 가까운 험프리 보가트의 참담한 표정이 클로즈업되는데, 그 짧은 순간 만감이 교차하는 표정 때문에 보는 사람조차 마음이 아플 지경이다. 파리에서 헤어진 후 처음으로 두 사람이 재회한 이 장면에서 험프리 보가트와 잉그리드 버그먼은 소용돌이치는 감정을 누르고 응시한다.

〈카사블랑카〉를 최고의 멜로 영화로 승화시킨 요인은 무엇일까? 처음부터 우리는 두 사람의 사랑과 작별, 재회를 예상한다. 극 중 일자의 말대로 "두 번씩이나" 같은 남자를 떠날 수 없다는 여자 앞에서 차가운 남자 릭은 갈등에 빠진다. 전쟁과 레지스탕스, 대의를 위해 사랑을 포기하느냐? 아니면 일단 대의를 돕지만 그 반대급부로 여자를 되찾느냐? 과연 이 남자의 속마음은 무엇일까? 결과적으로 남자는 대의를 위해 자기를 희생하며 여자의 사랑도 회복한다. 물론 영원히 자기 곁에 두는 사랑이 아니라 추억과 가슴에 묻는 사랑으로 말이다. 만약 남자가 여자를 곁에 두는 선택을 했다면 어땠을까?

1942년에 나왔으니, 벌써 60년이 넘은 이 영화가 어떻게 지금도 여전히 사랑받을 수 있을까. 2006년 4월 미국 작가 조합(WGA)은 영화사상 최고의 시나리오 101개를 선정했는데 그중 〈카사블랑카〉가 1위를 차지했다. 여기서 알 수 있듯, 〈카사블랑카〉는 뻔한 통속적 구성 속에서도 인간과 사랑의 복합적인 층위를 품위 있게 전개하여 성공한 것이다. 그런데 2000년

12월 BBC 필름 리뷰에서 윌리엄 메이거(William Mager)가 밝혔듯이, 이런 영화가 촬영 당시 각 배우의 역할이나 대사 등이 완벽하게 정리되지 못한 상태로 진행된 탓에 완성 자체가 기적에 가까웠다고 하니 아이러니하지 않은가.

이 영화의 백미, 마지막 작별 장면에서 릭은 일자가 떠나야 하는 이유를 말해 준다.

"우리 둘 다 당신은 빅터의 사람이라는 사실, 그가 하는 위대한 일의 일부분이란 사실을 잘 알고 있소. 저 비행기가 떠나면 오늘, 내일 당장은 아니더라도 당신은 평생 후회하게 될 거요."

"그럼, 우린 어쩌죠?(What about us?)"

"우리 둘의 추억이 담긴 파리는 영원히 간직될 거요(We'll always have Paris)."

이 장면에서 험프리 보가트는 결단을 깨지 않으려는 듯 굉장히 빠른 속도로 말한다. 그리고 마지막 인사로 술잔을 들어 부딪치며 했던, 그들만의 사랑과 추억이 담긴 말로 마무리한다.

"자, 당신 눈동자에 건배를!(Here's looking at you, kid!)"

비행기로 향하는 빅터와 일자, 그리고 그들을 물끄러미 바라보는 릭의 얼굴이 화면 가득 잡히는데 아무리 봐도 멋진 라스트 씬이다. 2005년 6월 '미국 필름 협회(AFI)'는 영화사상 최고의 명대사를 선정했는데, 위에 나온 릭의 대사가 5위로 뽑혔다. 1위는 〈바람과 함께 사라지다〉의 대사가 선정되었는데, AFI 측도 예상 밖이었다고 한다. 당연히 〈카사블랑카〉의 저 대사가 1위가 될 줄 알았다니, 가히 〈카사블랑카〉의 위력을 알 만하다. 또 하나, 2005년 3월 '월드엔터테인먼트 뉴스네트워크(WENN)'는 영화 속 최고의 커플을 선정했다. 단연 1위는 〈해리가 샐리를 만났을 때〉의 맥 라이언과 빌리 크리스털이었고, 2위는 바로 잉그리드 버그먼과 험프리 보가트가 차지했다. 3위는 〈귀여운 여인〉의 줄리아 로버츠와 리처드 기어 커플이었다.

고전이란 어느 시대 어떤 사람을 만나더라도 늘 새롭고 깊은 의미를 안겨 주는 것이라고 생각한다. 비록 〈카사블랑카〉가 그 자리를 차지하기에 부족한 점이 있다 해도, 과거가 쌓이고 현재를 거쳐 앞으로 수많은 세월 속에서 여전히 우리의 가슴을 울릴 것이라 감히 말해 본다.

2006. 11. 14

카사블랑카
Casablanca, 1942

개요 멜로/로맨스, 드라마 | 미국 | 102분

감독 마이클 커티즈

출연 험프리 보가트(릭 블레인)

 잉그리드 버그만(일사 런드)

 폴 헌레이드(빅터 라즐로)

수입 울가필름

공포와 사랑의 변주

〈크리스마스 악몽〉

"삶이란 공포가 없다면 하나도 재미없지."

팀 버튼이 제작한 영화 〈크리스마스의 악몽〉(2006)에 나오는 할로윈 마을 사람의 말이다. 어쩐지 저 말이 인간 삶의 이중적 면모를 적나라하게 드러내 주는 듯하다. 영화 속 할로윈 마을은 매년 호박의 제왕 잭을 중심으로 온 세상을 공포, 사악, 불운, 분노, 비명으로 가득 채우기 위해 온갖 새로운 아이디어를 짜내느라 분주하다. 그들에게 공포는 너무도 당연한 삶 그 자체이므로, 저 말은 할로윈 마을의 존재를 드러낸다.

반대편 크리스마스 마을에 저 말을 대입해 보자. 음악, 따스함, 파이 냄새, 동화로 가득 찬 그 세상에서 삶이란 순진무구한 세상을 온전히 유지하는 것이다. 공포나 사악함은 눈 씻고 찾아볼 수 없을 만큼 눈처럼 새하얀 세상만을 '삶'이라고 생각한다. 그러나 공포의 악령 잭은 할로윈 마을 외곽 크리스마스 나무를 통해서 그 마을에 들어갈 수 있다. 산타클로스도 사악한 어린애들에게 붙잡혀 올 수도 있다. 어쩌면 새하얀 삶 하나만으로는 완벽한 삶이 아닌지도 모르겠다.

잭은 할로윈 세계의 늘 반복되는 일상 속에서 공허함을 느끼고 미지의 것에 대해 갈망한다. 그의 삶에 또 다른 "자극"이 필요한 순간이다. 그 자극은 자기 본질과 정반대의 것을 끌어당기면서 그는 형형색색의 조그마하고 아담한 눈밭의 크리스마스 마을에 들어온다. 새로운 세상 속에서 하얀 눈을 보고, 음악을 듣고, 파이 냄새를 맡고, 사각사각 눈을 만지고, 새근새근 잠든 아가들을 보는 것 자체가 잭에겐 하나의 공포가 아니었을까. 공포란 내가 전혀 알지 못하는 무언가로 인해서 자기 존재에 위협과 두려움을 느끼는 감정이므로. 급기야 잭은 자기 정체성을 버리고 크리스마스를 장악하는 산타클로스가 되려는 작업을 시작한다.

표면적으로 이 영화는 산타클로스가 사라져 버릴지도 모른다는 악몽을 보여 준다. 말랑말랑한 장난감과 사탕 선물이 아니라, 사람을 물어뜯고 공격하는 장난감이 사람들 손 안에 들어올지 모른다는 두려움 말이다. 결과적으로 지상 사람들은 사악한 선물을 배달하는 잭 일당을 대포로 격추시키고, 다시 산타클로스가 돌아온 사실에 기뻐한다. 그런데 공포와 사악의 제왕 잭을 격추시키기 위해서, 몰려든 탱크 행렬과 불타는 융단 폭격을 보고 있으려니 어쩐지 낯익은 장면이 스쳐간다. 순수한 '크리스마스(Christmas)' 나라를 지키기 위해 중동과 남미, 아시아, 아프리카의 하늘에 터뜨리던 그 수많은 크리스마스 전구빛 폭탄들. 어쩌면 크리스마스 나라는 순진무구를 가장하여, 상대의 본질을 깡그리 무시하고 자기 방식대로 밀어붙인 건 아니었을까. 위기를 넘긴 순간임에도 산타클로스는 잔인한 표정으로 벌레를 밟아 죽이고, 할로윈 마을을 "정신병원"이라고 부르는 데 주저하지 않으며, 마지막에 할로윈 마을에 새하얀 눈을 뿌려주면서 자기식의 '인정'을 베푼다. 이렇게 볼 때, 본래 뜻은 이렇게 크리스마스를 망치는 게 아니었다며 곧바로 속죄하고 할로윈 마을로 돌아와 자기 자리를 지키는 잭이 더욱 윤리적인 주체로 보인다. 산타클로스와 잭, 크리스마스와 할로윈. 그렇다. "삶이란 공포가 없다면 아무런 재미가 없는 것"이 맞다.

또 하나 흥미로운 점은, 크리스마스의 의미를 알아내기 위해 온갖 실험 도구로 장난감, 사탕, 트리 등을 감별하는 잭의 행동이다. 관객은 이 장면에서 실소를 금치 못할 것이다. 그 웃음 밑바탕에는 일종의 우월의식이 깔려 있기 때문이다. 크리스마스의 의미를 모르다니. '하늘엔 영광, 땅에는 평화, 우리에겐 사랑'이잖아! 하지만 과연 우리가 잭의 실험 앞에서 자신 있게 웃어넘길 정도로 진실하게 크리스마스의 의미를 알고 있을까. 이 영화에서 휴머니즘과 윤리적 태도를 결합한 부분이 바로 이 지점이다. 크리스마스는 '논리적으로 규명할 수 있는' 게 아니다. 잭의 말대로 '보이지 않지만 도처에 널려 있는 것'이며, '누구나 다 아는 간단한 일이다.'

샐리는 비극을 예지한다. 잭의 잘못을 알고 있으며 스스로 고난에 처했음에도 책망하거나 원망하지 않은 채 끝까지 헌신적으로 잭을 구한다. 이것이 바로 잭이 찾고자 했던 크리스마스의 진정한 의미다. 할로윈 마을 박사의 오만한 지식으로 이것저것 기워서 만들어 낸 여자 샐리. 그러나 적어도 그 여자는 삶과 공포, 그 진실을 내재적으로 인식한 윤리적이며 사랑스러운 존재이다. 잭과 샐리의 결합은 공포와 사랑의 만남이니, 이는 또 한 번 아레스와 비너스의 결합인 셈이다.

2007. 12. 28

주민아의 시네마 블루

공포란 내가 전혀 알지 못하는 무언가로 인해서

자기 존재에 위협과 두려움을 느끼는 감정이므로.

크리스마스 악몽 Tim Burton's The Nightmare Before Christmas, 1993

개요 판타지, 가족, 뮤지컬 | 미국 | 75분

감독 헨리 셀릭

출연 대니 엘프만(잭 스켈링톤 노래/바렐 목소리)

　　　 크리스 서랜던(잭 스켈링톤 목소리)

수입 브에나비스타코리아

배급 브에나비스타코리아

내 안의 생명을 깨우는 그대

〈두 번째 사랑〉

"때론 모든 것을 버리고 완전히 새로 시작해야 할 때도 있어요."

한 남자가 한 여자에게 미소를 머금고 건네는 말이다. 문득 5월의 무성한 신록이 원래는 1월의 앙상하고 메마른 가지에서 시작되었다는 생각이 든다. 영화 〈두 번째 사랑〉(2007)에는 봄과 겨울, 5월과 1월, 생명과 죽음이라는 계절의 섭리가 그대로 녹아 있다. 겨울에서 봄으로, 죽음에서 생명으로 옮아가는 두 남녀의 만남 뒤에는 가끔씩 양분을 주는 비가 내리고 그들은 기꺼이 그 비를 온몸으로 맞는다. 사실 "모든 것을 버리고 새로 시작해야 할 때"를 외면하지 않은 그들의 행로는 '두 번째 사랑'이라는 상투적인 타이틀로는 부족하지만 멋진 연기와 연출, 은근한 음악으로 이 영화는 거의 완벽에 가깝게 탄생했다.

한국인 불법체류자 지하(하정우)와 백인 중산층 소피(베라 파미가)가 처음 만난 곳은 불임 클리닉이다. 뉴욕에서 태어난 한국인 남자, 앤드류와 결혼한 소피는 아기를 가질 수 없는 막막한 상황에 처해 있다. 시어머니는 기도 회합 자리에서 "나는 40일간 단식기도를 해서 앤드류를 얻었다"는 말로 은연중에 압박을 가한다. 성공적인 비즈니스 커리어를 쌓아 가는 남편은 동료 아기의 생일 파티에 다녀와서 수면제를 먹고 자살을 기도한다.

기도를 가르쳐 달라는 소피에게 그것으로 아기가 생기는 건 아니라고 냉소적으로 대답했던 앤드류도 실은 자괴감에 시달려 살아간다. 생명을 잉태할 수 없는 남성적 존재의 불안은 오히려 역설적으로 자신을 죽여서라도 보상받아야 할 강한 생명의 의지로 변한다. 그러나 이런 극단적인 자기애는 소피를 숨 막히게 만들고 자기 존재를 상실하도록 몰아간다. 이런 와중에 절망 끝의 선택을 했던 소피는 오히려 지하와의 만남으로 시나브로 죽음의 세상에서 생명의 입구로 들어선다.

지하는 여러 직업을 전전하면서 돈을 벌어 한국의 여자친구를 데려오기 위해 노력하지만 결국 불법체류자 신분으로 불임 클리닉에 정자를 기증할 수 있는 자격도 얻지 못한다. 둘이 서로의 아픈 상처를 건드릴 때 소피는 그에게 "그나마 너를 받아주는 게 나밖에 없다"라고, 지하는 "그렇게 행복한데 내가 필요한 거냐"고 응수한다. 이렇게 둘은 처음으로 자기 상처를 드러냄으로써 그간의 물리적인 관계에서 벗어나 진지한 교감의 관계로 발전한다.

"삶에서 가장 원하는 게 뭐예요?"

"사랑하는 사람들이 상처받지 않도록 해 주는 거죠. 그런데 난 늘 실패했어요."

"그러면 당신 자신을 위해서는요?"

지하는 소피 스스로가 외면한 타자적 자아를 일깨우고 그 존재를 사랑하라고 간접적 명령을 내린다. 내 가장 가까이에 있는 건 다른 누군가가 아니라, 내 안에 억압된 또 다른 나이다. 영화에서 피아노 치는 인물이 옆 거울에 비치는 장면이 두 번 나오는데, 이는 바로 그 타자를 표면화시키는 순간이다. 한 번은 앤드류가 피아노를 치고 있을 때, 그 모습이 거울에 비치면서 그것을 바라보는 소피의 옆으로 배치된다. 그런데 마치 두 사람이 전혀 다른 공간에 각기 존재하는 듯한 착각을 일으킨다. 또 소피가 피아노를 치는 모습이 그대로 옆의 거울에 비치는 장면이 있는데, 이때 거울에 비친 소피는 전혀 다른 존재로 다가온다.

이렇듯 음향 효과, 배경 음악, 절절한 대사 없이 카메라 워크만으로도 관객의 정서를 건드리는 장면이 자주 나온다. 가령, 인물을 한 쪽 모서리에 몰아넣고 줌인, 줌아웃을 반복하는 순간이 등장한다. 감독은 이를 통해 주인공들의 내면을 압박하여 그 가슴까지 파고들려는 조용하지만 대담한 시도를 하고 있는 셈이다.

소피의 큰 변화는 임신에서 시작한다. 이제 생명의 차원에 들어선 소피는 더 이상 앤드류라는 죽음의 세상에 머물지 못한다. 지하와의 교감을 처음 느꼈던 그날, 흔들리는 칵테일 잔은 역시 내부적 지각 변동을 하는 소피의 심리를 반영하며 이 장면 위로 생명과 환희의 가쁜 숨소리가 흐른다. 생명의 원리인 에로스를 방해하는 것은 언제나 무미건조한 법률이다. 남편의 신고로 경찰에 끌려가 강제추방 당할 위기에서 지하는 자기 전화기에 전화를 걸고, 마침 남편을 떠나 거기에 왔던 소피가 전화를 받는다. 마치 태아의 심장소리처럼 들려오던 그 전화벨과 진동.

남편의 폭력으로 아슬아슬한 위기의 순간이 오자, 기도할 줄 모른다던 소피는 "주여, 내 아이를 지켜주소서"라고 큰 소리로 외친다. 생명의 세상은 그 가치를 아는 사람에게 비로소 문을 열어 준다. 영화는 서너 살쯤 된 아들 준과 소피가 바닷가에서 뛰어 놀면서 작은 물고기를 큰 바다로 내보내는 장면으로 끝을 맺는다. 그녀의 배 속에는 둘째 아기가 자란다. 탯줄 같은 빨간 실로 뜨개질을 하며 카메라를 향해 신비한 미소를 보내는 그녀. 여기는 자기 고향을 닮았다며 지하가 벽에 붙여 놨던 그 사진 속의 바닷가다.

이제 그들은 정녕 생명의 고향으로 왔다. 모든 걸 버리고 새로 시작한 삶은 바로 자유롭게 유영하는 바닷속 물고기! 내 안의 생명을 깨우는 그대 모습이 아름답다.

2008. 5. 16

두 번째 사랑
Never Forever, 2007

개요 멜로/로맨스, 드라마 | 한국, 미국 | 101분
감독 김진아
출연 베라 파미가(소피 리), 하정우(지하), 데이비드 맥기니스(앤드류 리)
제작 나우필름

영화라는 이름의 유령

〈카이로의 붉은 장미〉

영화 〈삼거리극장〉(2006)에는 이런 방백이 나온다.

"이렇게 어둔 극장에서 영화를 보고 있으면 마치 내가 무슨 유령이라도 된 듯한 느낌이야. 마치 모든 게 꿈만 같고 나는 존재하지 않는 듯한, 영화가 끝나고 어두운 극장을 벗어나고서도 삶은 계속되지 않고 문을 열면 영화가 계속될 것 같은 그런 느낌말이야."

어두운 영화관에서 홀로 빛을 내는 스크린을 보면서 마치 유체이탈하는 동일시를 경험해 본 적 있는가? 스크린의 현실에 나를 대입해 보고, 고통스런 현실을 완전히 바꿔 놓는 상상의 나래를 펼친 적 있는가? 그러나 스크린의 그림이 사라질 즈음, 관객들은 자리에서 일어나 시끌벅적한 현실 세상으로 돌아온다. 영화 보는 동안의 심리적 화학 작용은 감동이나 비평이라는 사후 작업을 남기지만, 우리는 유령이 되지 않고 거의 다 무사히 현실에 안착한다.

우디 앨런 감독의 영화 〈카이로의 붉은 장미〉(1985)는 어쩌면 유령이 될 뻔했던 한 여자의 이야기이다. 현실을 떠나 스크린 안에서 꿈을 꾸고, 사랑 받으며 살 수도 있었던 세실리아(미아 패로우)의 이야기는 영화 속의 영화, 영화와 영화 관계를 다루는 일종의 메타 영화이다. 세실리아는 고통스런 현실을 견디기 위해 영화에 기대어 산다. 어느 날, 하루 종일 다섯 번 연속으로 같은 영화를 보고 있던 차에, 낭만적이고 다정한 캐릭터 탐 백스터가 영화 속에서 튀어나와 그녀에게 사랑을 고백한다. 게다가 이 비현실적인 소동을 해결하기 위해 그 캐릭터를 연기했던 배우 길 셰퍼드가 등장하여, 그도 역시 세실리아를 사랑한다고 말한다. 두 남자 사이에서 그녀는 결국 더 나은 현실을 안겨 줄 환상에 기댄 채 현실의 인물 길 셰퍼드를 선택하지만, 이내 버림받는다. 환상과 현실은 어울리지 않는 법이다.

이 영화가 정말 흥미로운 점은, 세실리아가 버림받은 후의 장면이다. 짐 가방을 들고 평소처럼 다시 영화관에 들어온 그녀. 남녀가 아름다운 음악에 맞춰 춤을 추는 장면을 보면서 우울했던 표정은 점차 희미한 미소로 바뀐다. 그녀는 여전히 1930년대 대공황 시절, 실업자에다 손찌검을 하고 딴 여자를 집적대는 나쁜 남자의 아내이자 영화에 기대어 사는 서글픈 여자로 남았는데 영화를 보면서 다시 웃을 수 있다니, 스크린은 그야말로 "마법 같은 빛"인가 보다.

〈카이로의 붉은 장미〉는 영화 속 영화의 제목이기도 하다. 탐 백스터라는 캐릭터는 그 영화에 나오는 시인이자 탐험가이다. 배우 길 셰퍼드는 각본대로 "다정하게" 그 캐릭터를 연기하고, "생명을 불어넣었다". 그들의 대사 대로 영화 속 세계는 현실과 달리, 실망할 일도 없고 사랑만으로 살아갈 수 있으며 때론 맞아도 피를 흘리며 상처도 입지 않는다.

교회에서 숭상하는 신은 세상에 인간을 탄생시켜 때론 절망하고, 배신도 하고, 상처 입고 죽어 가는 유한한 존재로 만들었다. 반면 탐의 말 대로 영화의 신, 각본가들은 그 캐릭터들이 이런 현실을 모방하는 존재로 그렸을 뿐이지, 실제 탄생과 죽음을 반복하는 존재들이 아니다. 그렇다면 영화는 인간의 현실을 가장 잘 보여 주는 아이러니한 반증일 것이다.

그렇다면 이 영화는 영화의 존재 이유와 그 가치를 드러내기 위한 물리적 시도인가? 스크린을 빠져 나온 탐은 "관객들이 팝콘 먹는 소리가 귀에 거슬렸다"고 영화 주체가 바라보는 현실을 밝힌다. 탐이 빠져 나간 후, 혼란에 빠진 캐릭터들이 아옹다옹하는 모습을 보고 관객들은 "왜 영화 속에 연기와 액션이 없느냐, 이건 사기야"라며 소리친다. 관객 주체가 영화에게 바라는 현실이다. 급기야 세실리아가 스크린으로 들어와 정해진 스토리가 망가지자, 탐은 이제 각자 원하는 대로 하자고 소리친다. 그러자 웨이터 역할을 하던 남자는 탭댄스를 추기 시작한다. 또한 캐릭터들은 "고생은 우리가 하는데, 감독이나 배우 제작자들만 배부르게 산다"고 영화판의 현실을 토로하기도 한다. 이 모든 상황 앞에서 누군가가 말한다.

"현실 세상에선 허구를 원하고, 허구 세상에선 현실을 원하는군."

과연 그럴까. 허구 인물 탐과 실제 인물 길을 두고 선택의 기로에 선 세실리아. 스크린 캐릭터들도 의견이 분분하다. 말 그대로 선택이란 가장 인간적인 행동 유형이다. 현실의 세실리아는 현실의 길을 선택한다. 그리고 길에게 버림받음으로써, 그녀가 탐에게 강조했던 살벌한 현실의 쓴맛을 본다.

결국 현실 세상은 현실을 통해서만 지속될 수 있다. 영화 〈카이로의 붉은 장미〉는 인간의 내면적 욕망과 사회 구조를 은유하는 일종의 신화와 같다. 우디 앨런은 마치 인간의 운명을 미리 알고 조작하거나 개입하는 제우스처럼, 1시간 20분 길이의 영화 속에 인간이라는 창조물과 인간의 창조물을 그 바닥까지 보여 주려고 애를 쓴다. 진지하지만, 아이러니한 세실리아의 대사가 자꾸 떠오른다.

"난 현실의 인간이랍니다. (허구의 삶이) 매혹적이긴 해도, 난 현실 세상을 택할 수밖에 없어요."

미아 패로우의 멋진 연기와 제프 다니엘스의 젊은 시절을 볼 수 있는 이 영화도 상당히 매혹적이지만, 결국 암담한 1930년대와 닮은 지금의 2008년을 더욱 두드러지게 보여 줄 뿐이다.

2008. 7. 4

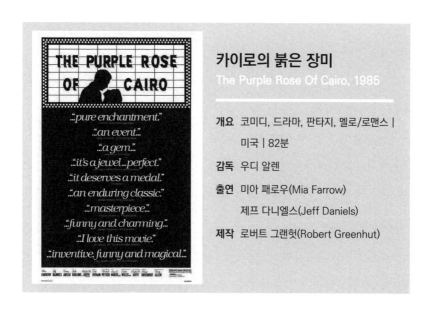

카이로의 붉은 장미
The Purple Rose Of Cairo, 1985

개요 코미디, 드라마, 판타지, 멜로/로맨스 | 미국 | 82분

감독 우디 알렌

출연 미아 패로우(Mia Farrow)
제프 다니엘스(Jeff Daniels)

제작 로버트 그랜헛(Robert Greenhut)

사느냐 죽느냐, 그것이 문제로다

〈다즐링 주식회사〉

비극 『햄릿』의 3막 4장은 거트루드 왕비의 침실에서 햄릿과 왕비가 벌이는 설전으로 시작한다. 왕비가 먼저 미끼를 던진다.

"햄릿, 네가 아버지 기분을 상하게 했더구나(Hamlet, thou hast thy father much offended)." 이에 햄릿도 지지 않는다.

"어머니, 어머니께선 제 부친을 화나게 하셨더이다(Mother, you have my father much offended)."

물론 왕비가 말한 아버지는 클로디어스를 가리키며, 햄릿은 당연히 독살당한 부친을 언급한 것이다. 햄릿의 의중은, "왜 어머니는 아버지의 죽음을 모른 척 합니까?"에서 출발한다.

영화 〈다즐링 주식회사〉(2007)의 세 아들은 낯선 인도 여행을 거쳐 히말라야 어느 산꼭대기에서 재속 수녀처럼 살아가는 어머니(안젤리카 휴스턴)를 만나러 간다. 따스하면서도 미묘한 안부 인사가 오고 간 뒤에 세 아들은 나란히 앉아 어머니 얼굴을 보며 이렇게 묻는다.

"왜 엄마는 아버지 장례식에 오지 않았나요?(Why didn't you come at Dad's funeral?)"

햄릿과 분명 맥락은 다르지만, 결국 이들의 의중 또한 "왜 어머니는 아버지의 죽음을 모른 척 합니까?"이다. "덴마크 왕자, 햄릿의 비극"으로 명명된 비극『햄릿』과 최고의 마니아 코미디로 찬사를 받은 〈다즐링 주식회사〉가 이 미묘한 지점에서 만났다. 아들과 어머니, 죽은 아버지. 아들은 어머니라는 필터를 거쳐 부재한 아버지를 통해 진실을 찾으려 한다.

주변의 모든 일을 통제하려는 큰 아들 프랜시스(오언 윌슨), 임신한 아내와 이혼을 꿈꾸는 둘째 피터(에이드리언 브로디), 헤어진 애인의 음성메시지를 매번 확인하면서 다른 여자에게 눈을 돌리는 막내 잭(제이슨 슈워츠만). 이들은 서로의 비밀을 유치하게 폭로하거나 아버지의 유품을 놓고 소유권을 따지고, 열차 안에서 금지된 행동들을 일부러 크게 벌이는 등 정신적, 사회적으로 아직 어른이 되지 못한 얼뜨기들이다. 게다가 각자의 결핍이나 결함에 억압된 채, 대화와 소통의 수준은 여전히 10대 이하의 개구쟁이에 불과하다. 러닝 타임의 절반 이상 세 남자는 잠옷 차림으로 등장한다. 카메라는 그들의 동선과 대화 장면을 열차 객실처럼 네모 박스로 자주 클로즈업하는데, 그럴 때마다 생각과 마음이 빠져 나간 그들의 허허로운 눈빛이 남는다.

세 아들의 원초적인 질문에 어머니는 뜻밖의 대답을 던진다. "아버지를 잃은 건 슬프고 극복하기 힘든 일이야. 하지만 각자 맡은 일에 더 힘을 쓰면 돼. 과거는 이미 지나갔어. 끝난 거야. 그렇지?" 세

아들은 하나같이 이해할 수 없다는 표정으로 "우리에겐 끝나지 않았다"고 응수한다. 그들의 심리 속엔 아버지가 돌아가신 후에 엄마가 자식들을 돌보지 않았다는 원망과 비난이 들어 있다. 뉴욕 출신의 성인 남자 셋이 낯선 인도의 서부 마을까지 열차를 타고 들어온 것은 바로 유아들의 본능적 애정 갈망과 결핍의 분노 때문이다.

어린 아이들처럼 각자 침대에 잠옷 차림으로 누워 엄마의 굿나이트 키스를 받은 세 아들은 어머니를 붙잡고 늘어진다. 큰 아들 프랜시스. "우리가 여기에 온 건 엄마가 보고 싶어서였어요." "나도 너희들이 보고 싶었다." 이에 막내 잭이 되묻는다.

"그랬는데 왜 아버지 장례식에 오지 않았어요?"

그렇다. 그들에겐 아버지의 장례식이 문제가 아니다. 홀로 남은 자식들로서 엄마에게 외면 당하고 버림받았다고 생각하기 때문에 여기까지 와서 이런 질문을 하고 있는 것이다. 어쩌면 햄릿의 내적 질문도 이 방향이 아니었을까. "부왕이 죽고 홀로 남은 아들을 내팽개치고 숙부와 함께 웃음을 흘리다니, 분명 나는 버림받은 것이야." 흥미롭게도 햄릿의 의도적인 광기나 연인 오필리어를 대하는 태도 등은 프랜시스, 피터, 잭의 파편적인 행동에서 엿볼 수 있다.

웨스 앤더슨 감독의 다른 영화 〈로열 테넌바움〉(2002)에서도 부모의 별거와 비극적 상황들로 인해 천재로 추앙받던 세 남매가 각자의 정체성을 상실한 채 유아들처럼 살아가는 이야기를 들려준다. 그들은 아버지의 부재를 견디지 못했고, 결국 아버지의 죽음 직전에 가족들은 상처를 회복할 수 있다. 영화 속 "가라앉는 배에서 가족들을 구하고 비극적으로 죽다"

라는 비문은 희극과 비극의 아이러니를 통과한다. 〈다즐링 주식회사〉의 세 아들은 아버지가 남긴 명품 가방을 집어 던지고 세상으로 돌아가는 열차에 탄 후에 여유로운 미소와 결연한 표정을 보여 준다. 그들은 이제 진짜 어른, 진짜 남자로 성장할 것이다.

이에 비해 햄릿의 가족들은 서로를 이해하고 새롭게 시작할 기회도 없이 전부 사라졌기에 『햄릿』은 참으로 비극인 셈이다. 만약 햄릿에게도 과거는 이미 지나갔으며 맡은 일에 매진하기를, 침묵을 통해 내면을 바라보고 마음의 소리를 전할 수 있기를, "내일부터 다시 시작하자. 자기 연민에서 벗어나 미래를 설계하자"고 권하는 성숙한 어머니가 있었다면 어땠을까? 아, 결국 다시 어머니로 돌아오는 것인가.

2008. 8. 29

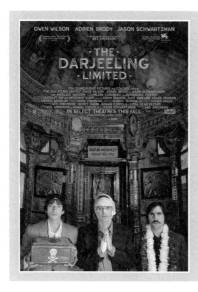

다즐링 주식회사
The Darjeeling Limited, 2007

개요 모험, 코미디, 드라마 | 미국 | 104분

감독 웨스 앤더슨

출연 오웬 윌슨(프란시스)

애드리언 브로디(피터)

제이슨 슈왈츠먼(잭)

제작 20세기폭스코리아

배급 20세기폭스코리아

내 안의 별을 찾아서

〈사랑하는 애너벨〉

어떤 책을 읽다 보면 어느새 거기서 언급하는 영화를 찾아 보고 어떤 영화를 보다 거기서 나온 그림이나 시를 찾아보게 될 때면 예술 창작이 빚어내는 이 묘한 상황이 신기하다. 영화 〈사랑하는 애너벨〉(2006)의 수업 장면에서 월트 휘트먼의 서사시 「자아의 노래(Song of Myself)」가 나온다. 이 시는 휘트먼의 대표 시집 『풀잎』에 수록된 서사시이다. 이 시집은 1855년 처음 세상에 나왔을 땐 제목도 붙어 있지 않은 12개의 단시에 불과했고 그로부터 12년 후 1867년에 「자아의 노래」는 1부터 52까지 번호가 붙은 장편 서사시로 출간되었다. 영화 〈사랑하는 애너벨〉에서 주인공 시몬이 학생들에게 도입부의 "나는 나를 찬양하노니, 나를 노래하노니 / 내가 생각하는 건 바로 그대가 생각하는 그것 / 나를 이루는 모든 원자들이 바로 그대를 이루는 것이니…"를 읽어 주면서 그 의미를 토론한다.

예사롭지 않은 이 시를 찾아보면서 불멸의 화가 고흐도 이 시의 절대적인 팬이었음을 알게 되었다. 너무도 유명한 고흐의 그림 〈별이 빛나는 밤〉을 탄생시킨 동력이 바로 휘트먼의 시였다. 고흐가 1890년, 휘트먼은 1892년에 사망했으니 둘은 비슷한 시기에 세상을 떠났다. 그러나 실상 고흐는 1853년 태생이고 이 시가 처음 나온 때가 1855년이니, 고흐와 휘트먼 사이를 오가는 이 미묘한 분위기가 심상치 않다. 〈별이 빛나는 밤〉의 모티프가 된 부분은 52부 중에서도 매우 긴 편에 속하는 33부이다. "한밤중 뒤뜰에 홀로 나와 있으니 저 멀리까지 나의 생각들이 뻗어간다 / 아름답고 온화한 신이 내 곁에 있어 옛 유다의 언덕을 걷노라니 쏜살같이 공간을 뛰어 넘고 하늘과 별들을 따라 달리니…"라는 부분이 그림과 서로 일치하는 부분이다. 하늘과 별과 영원, 그 속에 서 있는 나. 동천(冬天)에 뜬 검푸른 별과 달처럼 명징하고 깨끗한 순간을 노래하고 그림으로 남긴 두 예술가의 혼이 마치 곁에 머무르는 듯 마음이 설렌다.

영화 〈사랑하는 애너벨〉은 가톨릭계 여학교를 배경으로 시를 가르치는 여선생님 시몬과 감성과 반항으로 가득 찬 여학생 애너벨에 대한 이야기다. 1시간을 조금 넘는 이 소박한 영화가 주목을 받게 된다면, 아마도 시몬과 애너벨의 사랑 때문이다. 둘은 사랑한다. 둘의 육체적인 사랑도 영화 속에서 직접 묘사된다. 소위 동성애를 주된 소재로 삼은 영화들은 영화 자체의 매력보다 먼저 동성애라는 그 소재에 대중의 관음적 시선이 머물게 마련이다. 언젠가 서울 어느 멀티플렉스 극장에서 〈브로크백 마운틴〉(2005)을 보고 나오는 길이었다. 중년의 남성이 "저런 영화를 버젓이 이런

데서 상영하다니 기가 막힌다"고 소리치는 바람에 에스컬레이트를 타고 내려오던 주변 관객들이 깜짝 놀란 적 있다. 인정한다. 영화에 대한 취향과 개인적인 가치관의 차이는 어디서나 나타날 수 있다. 당연히 누가 옳고 그른가의 문제가 아니라는 말이다. 하지만 그것은 사람과 사랑에 관한 이야기임을 강조하고 싶다.

예술 작품과 예술가들은 현실을 살아가면서도 끊임없이 그 현실을 이루는 많은 것들을 새롭게 재구성하고, 재창조하는 작업을 거친다. 그들의 통찰력은 물리적 현실뿐 아니라, 인간과 삶을 이루는 세세한 요소에까지 이를 수밖에 없다. 오늘날 대표적인 대중 예술로 자리 잡은 영화라는 장르는 이런 통찰을 대중에게 전달하고자 할 때 더없이 유용하고 긴요한 방법이 될 것이다. 그러나 〈사랑하는 애너벨〉이란 영화에게 한 번 물어보라. 정녕 너는 그런 통찰을 주기 위해 이 세상에 나왔느냐고. 영화라는 형태로 나온 〈사랑하는 애너벨〉은 단연코 아니라고 대답할지도 모른다. 나는 그저 시몬과 애너벨이라는 두 사람이 살아가는 어느 순간의 모습을 담았을 뿐이라고. 둘이 사랑하게 되는 과정은 보통의 남녀가 사랑을 이뤄 가는 모습과 다를 게 없다. 그런데 두 사람이 사제 간이고, 둘 다 여자라는 조건은 실상 인간의 현실적 제도 안에서는 용납하기가 어렵기 때문에 이 지점에서 〈사랑하는 애너벨〉은 정치적으로 변할 가능성을 함축하고 있다.

어느 소설이나 영화에서나 똑같지만, 이런 사랑을 종결시키는 것은 소외받은 연적의 배신, 그리고 제도 권력이다. 애너벨의 마음을 얻지 못한 캐시가 원장 수녀에게 둘의 관계를 발설하고 시몬은 경찰에게 잡혀 간다. 보너스 트랙의 또 다른 결말에 따르면, 애너벨이 법정에서 무죄판결을 받은 시몬의 기사가 실린 신문을 들고서 미소를 짓는다. 그리고 바닷가 시몬의 집에 도착하는 것으로 끝난다. 둘의 시작과 끝, 새로운 시작, 혹은 그 이후의 삶을 예상할 때, 기존의 남녀관계 공식에서 크게 벗어날 수 없음을 깨닫게 된다. 물론 현실에서 그것이 어렵다 할지라도, 적어도 영화 안에서는 사람의 일이란 다 그렇게 이어져 간다는 사실을 또다시 보여 준다.

이도저도 별 흥미가 없다면, 영화 속 아름다운 음악과 시에만 귀 기울여 보라. 사람이 이렇게도 아름다운 걸 만들 수 있다니, 이런 생각 저절로 든다.

2008. 11. 21

사랑하는 애너벨
Loving Annabelle, 2006

개요 미국 | 77분
감독 캐서린 브룩스
출연 다이안 게이드리(시몬)
　　　 에린 켈리(아나벨)

함께 늙어 가도 좋을 사람

〈당신이 잠든 사이에〉

이 영화를 생각하노라면 언제나 따사로운, 그러나 가슴 한 켠이 아리는 그리움이 밀려오곤 했는데 옛날 일기장을 찾아보니 그 이유를 알 것만 같다. 지금부터 만 10년 전 1995년 5월 19일 금요일, 극장을 나오면서 "참, 예쁜 영화!"라며 눈웃음을 짓던 순간이 있었다. 그 기억과 함께 영화 〈당신이 잠든 사이에〉(1995)에서 왈가닥 분수처럼 등장하는 주인공 루시를 불러 본다.

미국 개봉 당시 1995년 4월 21일자 『뉴욕타임즈』 리뷰는 "지나치게 감상적이고 허황된 로맨틱 코미디가 아닌, 생기가 넘치며 상쾌한 기분이 드는 영화"라고 호평했으며 주연배우 산드라 블록과 빌 풀만의 연기력이 그 활기의 근본 요인이라고 언급했다.

부스스한 옷차림에 수줍은 듯 입술을 좋긋거리는 말투의 루시. 그녀는 가까운 가족 없이 혼자 사는 지하철 매표원이다. 매일 지하철을 타러 오는 피터에게 반한 그녀는 어느 날 철로에 떨어진 그를 구하고 병원으로 옮긴다. 그러나 가족 외에 면회가 되지 않는 상황에서 약혼녀로 잘못 알려진 뒤, 정말 영화 같은 사랑 이야기가 펼쳐진다. 결국 혼수상태의 피터를 두고, 가족처럼 연인처럼 대해 주는 피터의 동생 잭에게 진정한 사랑을 느끼게 된 루시. 피터가 깬 후 결혼식을 진행하지만 식장에서 "이의 있습니다(I object)"라고 용감하게 외치는 신부 루시는 그 동안의 상황을 설명하는데, 아마도 영화 속 결혼식 장면에서 새신부가 이렇게 길고도 감동적인 연설을 하는 일은 전무후무할 것이다.

"피터, 그날 내가 당신의 생명을 구했을지 모르죠. 하지만 사실은 당신이 내 인생을 구원해 준 거예요. 오랫동안 없었던 가족이란 존재를 선물했으니까요. 그걸 놓치고 싶지 않았어요. 그래서 진실을 말하기 두려웠고요."

그러면 루시의 사랑은 이루어질까. 영화의 앞부분, 밤늦게 혼수상태에 빠진 피터를 찾아와 루시가 털어놓는 독백을 들어 보면 다들 고개를 끄덕일 것이다.

"항상 내가 어떤 모습으로 살게 될까 상상했었어요. 누구나 그러는 것처럼 어디서, 어떻게 누구와 함께 살아갈까? 이런 사람 만나봤어요? 그 사람을 진정으로 알게 되면 '아, 이 사람이구나. 함께 늙어 가도 좋을 사람, 난 이 사람을 원해!' 이런 마음이 절로 드는 사람 말이에요."

UCSC 사회학자 마샤 밀만 교수의 『이제, 사랑을 선택하라』(2002)에 따르면 인간은 삶의 중요한 선택과 그 과정에 있어, 특히 사랑의 문제에서 잘못된 시나리오를 반복하는 경향이 있다고 한다. 루시는 힘든 상황 속에서도 회피하지 않고 솔직하게 자기를 표현함으로써 결국 사랑과 가족을 모두 얻는다. 즉, 잘못된 시나리오를 쓰지 않고 자신에게 정직한 결과, 모두에게 행복한 결말을 안겨 준 것이다.

그럼 루시가 용기를 내지 않았다면 어떻게 되었을까. 세월이 흘러서야 솔직하게 사랑을 선택하지 못한 태도를 반성하며 싱글 라이프를 화려하게 수놓고 있는 이 세상 루시들의 한쪽 마음을 들여다 볼까.

"오랫동안 기다리게 해서 미안해요. 그날 이후 내 마음 애써 감추고 멀리서 서로 고통스러웠던 시간, 정말 미안해요. 이제 다만, 당신의 현재와 그 선택을 존중하며 건강하고 행복하길 바랄 뿐입니다. 고마워요."

전체적인 분위기가 5월의 미풍을 닮은 이 영화를 보며 장밋빛으로 두 뺨이 발그레 물드는 느낌이 든다면, 감히 말하건대 여러분은 진정 5월을 추억으로 가질 자격이 있다. 제목 '당신이 잠든 사이에(While you were sleeping)'는 이 영화의 마지막 대사이기도 한데, 직접 영화를 보고 들어 보면 빙그레 미소가 입가에 감도는 걸 참을 수 없을 것이다.

2006. 5. 19

주민아의 시네마 블루

항상 내가 어떤 모습으로 살게 될까 상상했었어요.

누구나 그러는 것처럼 어디서, 어떻게 누구와 함께 살아갈까?

이런 사람 만나봤어요? 그 사람을 진정으로 알게 되면

'아, 이 사람이구나. 함께 늘어 가도 좋을 사람, 난 이 사람을 원해!'

이런 마음이 절로 드는 사람 말이어요.

당신이 잠든 사이에
While You Were Sleeping, 1995

개요 멜로/로맨스, 코미디, 가족 | 미국 | 103분

감독 존 터틀타웁

출연 산드라 블록(루시)

빌 풀만(잭)

사랑이 길을 묻거든

〈유령 신부〉

오랜만에 극장 나들이를 했다. 초대 손님은 스필버그의 CG 애니메이션 〈몬스터 하우스〉(2006)였다. 특별히 3D 입체관에서 장난감 같은 안경을 쓰고 보았는데 색다른 경험이었다. 상영관에서 처음이자 마지막으로 본 애니메이션은 디즈니의 〈포카혼타스〉(1995)였다. 가물가물한 기억 속에서도 그 영화의 애틋한 분위기는 남아 있다. 〈몬스터 하우스〉의 특징은 모공과 주름까지 디테일하게 드러나는 생생한 캐릭터의 움직임이다. 사실 즐기지 않는 장르라 보는 데에 의의를 둔 게 사실이지만, 막바지로 갈 즈음 '몬스터 하우스'가 된 내력이 밝혀지면서 내 눈은 반짝이기 시작했다.

네버크래커와 콘스탄스의 45년간의 슬픈 사랑은 적어도 이 애니메이션을 끝까지 볼 수 있게 만든 요소였다. 세월의 틈바구니에서 네버크래커는 사랑을 간직하고 있지만, 그것은 죽은 아내를 제대로 애도하지 못한 일종의 우울증과 같다. 마침내 모든 일이 끝났을 때, 영혼이 되어 하늘로 올라가는 콘스탄스는 아름다운 몸짓으로 남편과 작별한다. 자기를 해방시킨 디제이에게 감사하면서 웃음과 생기를 찾은 네버크래커. 그는 자유를 얻었다.

"당신은 이미 약속을 지켰어요. 나한테 자유를 주었으니. 이제 내가 당신에게 자유를 줄 차례네요."

팀 버튼의 〈유령 신부〉(2005)에서 유령 신부 에밀리가 빅터에게 하는 말이다. 불행한 사랑에 갇혀, 죽은 자들의 세상 속에서도 '자유'를 갈망하던 에밀리는 마침내 아름다운 나비가 되어 달빛으로 향한다. 네버크래커와 에밀리. 자신을 구속하던 죽음 같은 사랑과 운명의 굴레를 벗고 자유를 얻은 그들의 모습이 참으로 닮았다. 콘스탄스의 분량이 조금만 더 있었다면 좋았을 것. 자유와 사랑, 그 치명적인 번뇌는 애니메이션에서도 예외일 수 없는 것인가.

프로이트는 '세 상자의 주제'라는 에세이에서 셰익스피어의 『베니스의 상인』에 등장하는 상자 선택하기 테마를 독특하게 풀어낸다. 수많은 내러티브의 선택 장면에서 최선의 선택이 왜 하필이면 공통적으로 세 번째이며, 침묵(죽음)이며 아름다운 여자일까. 운명의 여신 중 세 번째는 운명의 실을 끊는 존재이다.

〈유령 신부〉의 유령들은 "인간은 누구나 죽는다"고 반복해서 노래한다. 인간은 죽음에 대항하지 못한다. 그러나 팀 버튼이 이런 영화를 만들듯이 그 현실을 사랑스럽게 바꿔치기하는 상상력을 갖고 있다. 필멸의 운명을 껴안기 위해 두려운 죽음 대신에 가장 아름답고 사랑스런 여자를 배치한 것이다. 대지의 여신은 생명과 죽음을 동시에 관할한다. 가장 아름다운 여성이 바로 가장 치명적인 죽음이다.

그런 의미에서 유령 신부, 에밀리는 "심장이 뛰며" 살아 있는 빅토리아의 또 다른 모습이다. 그들은 하나다. 빅터는 최종적으로 승리(빅토리)하여 빅토리아를 얻지만, 이미 죽은 유령인 에밀리와 결혼한 뒤다. 빅토리아가 에밀리의 부케를 받는 장면을 떠올려 보라. 필연적으로 두 여자는 연결되어 있다. 그래서 "죽음이 둘을 갈라놓을 때까지"라는 조건은 그 자체로 무효화되고 만다. 빅터와 에밀리가 세상으로 올라가려고 장로가 만든 신비한 약을 처방받는 장면은 로렌스 신부의 도움으로 가사 상태에 들어간 줄리엣과 로미오의 엇갈린 운명을 상기시킨다.

〈유령 신부〉의 각본가가 〈몬스터 하우스〉의 스토리를 담당했다고 하니 두 영화에서 사랑과 죽음, 자유의 키워드가 서로 통하고 있음이 어쩌면 당연한 결과일지도 모른다. 팀 버튼의 다른 영화들도 이런 큰 틀 안에서 다양한 캐릭터와 스토리로 진행된다. 특히 〈가위손〉(1990)의 에드워드가 다시 성으로 들어가는 결말을 보노라면, 또 한 번 사랑과 자유의 지독한 모순을 절감할 수 있다.

〈유령 신부〉를 포함하여 〈가위손〉, 〈슬리피 할로우〉(2000)에서 그 모순을 온몸으로 겪는 인물들은 대부분 창백한 모습을 하고 있다. 〈유령 신부〉 에밀리의 말대로 "심장이 뛰지 않아도 심장이 터질 것만 같고", 세상으로 올라온 유령과 산 사람이 조우하는 즐거운 분위기를 보면, 그래, 삶과 죽음은 사랑과 증오만큼이나 차이가 없어 보인다. 팀 버튼은 이 매혹적인 슬픔을 주인공들의 창백한 얼굴에 아로새긴다. 여기에 그의 작곡가 대니

엘프만은 레퀴엠을 연상시키는 아름다운 피아노 선율로 분위기를 완성한
다. 나를 자유롭게 해 줄 사랑이라……

2006. 8. 25

당신은 이미 약속을 지켰어요.

나한테 자유를 주었으니.

이제 내가 당신에게 자유를 줄 차례네요.

유령 신부
Corpse Bride, 2005

개요 애니메이션, 판타지, 멜로 | 미국 | 77분
감독 팀 버튼, 마이크 존슨
출연 조니 뎁(빅터 목소리)
　　　헬레나 본햄 카터(코프스 브라이드
　　　목소리)

고요의 창(槍)을 관통하는 아담

〈흐르는 강물처럼〉

몸이 아프거나, 우연한 사고 때문이거나, 부질없는 운명의 장난 때문이거나. 비극의 주인공들이 죽음을 맞이할 때 그 원인은 다르겠지만 우리는 그 죽음을 필연적인 '과정'이자 '결말'로 보기를 주저하지 않는다. 그것을 개별적인 인간의 죽음이 아니라, 비극의 미학적 장치로, 정교한 파국이 유발하는 카타르시스로 받아들이기 때문이다. 동시에 우리의 내면은 스크린 속의 저렇게 멋진 인물이 죽어 갈 때 '나'라는 주체는 여전히 숨을 쉬고 있음에 안도의 한숨을 내쉰다. 미학과 현실, 죽음과 아름다움이 교차하는 미묘한 이 순간은 이름 모를 무언가에 대한 경외심으로 꽉 차 오른다.

영화 〈흐르는 강물처럼〉(1993)은 고요한 수면 위로 수많은 인간의 삶과 죽음을 스쳐 가는, 죽음과 현실의 미학을 보여 준다. 〈흐르는 강물처럼〉에서 붉은 밑줄처럼 도드라지는 인간은 바로 폴(브래드 피트)

이다. 그는 1900년대 초반 미국 장로교 목사 아버지와 자애로운 어머니 밑에서 모범생 형과 살아간다. 부모와 형은 당시 상황이나 오늘날 기준으로 봤을 때, 사회적 규범과 표준에 맞는 보통사람들이다. 그렇기 때문에 무난한 어린 시절을 보내고 그들처럼 흠 없는 사회인으로, 평범하게 살아갈 어른이 될 줄 알았던 폴의 일탈은 그만큼 흥미로운 파격이 된다.

결론부터 말하자면 폴은 인간의 모습으로 이 세상에 왔으나, 결코 이 세상의 흙을 밟고 살 존재가 아니라 흙 자체였다. 흙으로 대표되는 대지, 자연. 그에게 흙은 토양으로서의 흙이 아니라, 그보다 더 유연하고 유구한, 그러나 덧없는 강물이었다. 영화의 마지막 장면에서 바위 위를 흘러가는 강물의 역사와 그 바위 아래로 신의 말씀이 놓여 있다는 말은, 어린 형제에게 전한 목사 아버지의 가르침이었다. 폴이 그 강물에서 낚시하는 것을 삶의 가장 큰 목표로 여겼다는 점은, 그가 누구보다 인간의 역사와 신의 현현에 가까이 있었다는 뜻이다.

인간의 역사는 투쟁의 연속이다. 기록 역사 이후로 인간들 간의 전쟁은 그칠 줄 모른다. 폴이 그 역사를 사실(事實)로 기록하는 신문 기자였다는 것도 일종의 아이러니다. 자연의 아들인 그가 투쟁의 기록 주체로 서면서 투쟁을 삶의 양식으로 인격화한 마르스 신의 기운이 더욱 차오른다. 20세기 초반 미국의 시골 사회에서 가족과 사회의 금기를 넘어서려는 무모한 도전은 바로 폴의 전쟁이었다. 동시에 그가 그렇게 깔끔하고 단정하고 사랑스러운 남자였다는 사실은 마르스 신의 영원한 연인 비너스의 존재를 상기시킨다. 그렇게 볼 때, 영화 〈흐르는 강물처럼〉은 가장 고요하면서도 가장 웅장한 소리를 내는 태초의 창조 신화처럼 변한다. 이 창조 신화에서 폴은 자연과 욕망의 이중적 산물로서 현대판 '아담'의 자리에 등장한다. 그가 금기를 위반할 때 함께 했던 '하와/이브'는 바로 인디언 여성이었다.

최고의 융 심리학자 제임스 힐먼의 『전쟁에 대한 끔찍한 사랑』(2008)을 보면 인간이 전쟁 상황에 대해 느끼는 두려움과 비극적 미(美)라는 이중성의 원형이 바로 마르스와 비너스의 신화 속 연인 관계에서 유래한다는 원형 분석을 접할 수 있다. 투쟁과 아름다움은 서로 반대가 아니라, 무섭도록 강하게 끌리는 그 무언가이다.

남은 가족들은 아버지의 마지막 설교처럼, 폴을 "아름다웠다"고 기억한다. 그의 마지막 플라잉 낚시를 보고 노먼은 "예술의 경지에 올랐다"고 경외의 눈길로 바라본다. 도박 빚과 싸움판에 휘말려 삶을 마감한 그의 존재를 '아름다웠다'고 정의한 것은 남은 사람들의 단순한 연민의 발로라기보다, 그의 존재가 평범한 인간의 삶으로는 감당하지 못할 영역에 속한다는 증거이다. 도박을 끊지 못하고 죽임 당한 폴을 비도덕적이라고 몰아붙여 그 죽음을 개연성과 관련시킨다면 의미는 반감된다. 오히려 그가 비너스의 연약함 속에 가린 마르스적 개체인 권총으로 삶을 마무리함으로써 마르스와 비너스, 투쟁과 미의 관계가 더욱 확고해졌다.

그 죽음으로 폴이라는 자연의 아들은 누구보다 먼저 자연으로 돌아가는 특권을 누리게 된 셈이다. 우리는 그 죽음 앞에서 웅장한 자연을 마주했을 때와 유사한, 일종의 숭고한 감정을 느낀다. 이제 늙어 혼자 낚시를 다니는 노먼의 마지막 내레이션은 아버지의 가르침을 되새기면서 자신의 삶을 마무리하는 것이며 동시에 강으로 돌아간 폴에게 보내는 시이다.

"대홍수 이후 강이 생겨났고 그 강은 수많은 시간 동안 바위 위를 흘러간다. 끊임없는 빗방울에 시달리는 바위도 있다. 그 바위 밑에는 진리가 있다. 바위 그 자체의 진리도 함께. 강은 나에게 있어 떼어 놓을 수 없는 존재다."

고요하게 흘러가는 강물과 침묵을 지키는 바위 아래에 놓인 그 진리가 인간의 맥락에서는 결코 고요한 침묵의 존재가 아님을 이 영화는 몸소 보여 준다. 그리스도의 진리는 바로 그리스도가 수난의 결과이자 수난 그 자체가 아니던가. 그리스도의 수난은 영어로 대문자 Passion이며 이는 '열정, 정열, 정욕, 열광, 흥분'을 뜻하는 바로 그 단어이다. 자, 인간의 삶이 고요와 침묵으로 일관할 수 없음은 반석의 진리임을 다시 한 번 알게 되노니.

2008. 12. 12

흐르는 강물처럼
A River Runs Through It, 1992

개요 드라마 | 미국 | 123분
감독 로버트 레드포드
출연 크레이그 셰퍼(노먼 맥클레인)
　　　 브래드 피트(폴 맥클레인)
　　　 톰 스커릿(맥클레인 목사)
제작 (주)풍경소리
배급 (주)풍경소리

잉글리시-
유러피언 블루

누구나 자기 내면의 가장 깊은 곳에
자리 잡은 진리를 인식하지 못하고 시간을 잃어버리는 일만큼
고통스러운 일이 없을 거라는 데 동의할 것이다.
「시간이 전하는 진실」

인간이 내딛는 모든 과거의 발자국이 최종적으로 어디를 향해 갔는지
또 한 번 우리에게 절실히 다가온다.
「절대 고독」

디아스포라와 만나다

〈원스〉

사랑하고
그리워하고
나는 너를 노래한다.

음악으로 기억될 사랑의 순간
〈Once〉

언젠가 휴 그랜트, 드류 베리모어 주연의 영화 〈그 남
자 작곡 그 여자 작사〉(2007)에 대한 리뷰에서 나는 다소 많은 비난을 쏟
아 냈었다. 그때 기대에 미치지 못했던 두 스타의 연기 스타일이나 새롭
게 거듭나지 못한 진부한 구조가 가장 못마땅했었는데, 오늘 영화 〈원스〉
(2007)를 보면서 진짜 이유를 알 것 같다. 그 영화엔 없는데 〈원스〉엔 있는
것! 바로 현실이다. 〈원스〉 안의 사람들에겐 현실을 살아가는 켜켜한 먼지
냄새가 난다.

외국인 이민자로 거리에서 꽃을 파는 여자, 피아노 살 돈이 없어 악기
매장에 가서 주인의 허락하에 한 시간씩 연주하는 여자, CD 플레이어 배
터리를 사려고 어린 딸의 저금통을 깨는 여자. 진공청소기 수리점을 하는
아버지 밑에서 청소기 수리를 하면서 거리에서 노래를 부르는 남자, 그 남
자 앞에 놓인 동전 몇 개를 훔쳐 달아나는 외국인 남자와의 실랑이, 헤어

진 옛 연인에게 동전 몇 개로 공중전화를 거는 남자, 그의 주변엔 핸드폰을 든 남자가 스쳐 간다. 본래 낭만주의란 거친 현실을 재구성하고 재창조하고픈 인간의 상상력이 흘러넘치는 상태이다. 이렇게 본다면 〈원스〉야말로 가장 낭만적인 영화로서 멜로디와 가사, 즉 음악과 시(詩)라는 모범 답안을 내놓는다.

그 여자가 피아노를 연주하고 작사·작곡을 할 줄 안다는 사실을 몰랐을 때, 그러니까 진공청소기를 질질 끌고 남자에게 나타났을 때 이렇게 생각했다. 저 여자가 남자의 노래를 좋아하게 되면 둘은 곧 사랑에 빠지겠군. 하지만 이런 상상은 그간 '낭만'으로 포장하고 현실을 내버린 로맨틱 무비의 구조에 너무 익숙해진 탓이었다. 남자는 음악을 모르는 여자랑은 친구하기 싫다는 듯한 어투로 게걸스럽게 수프를 먹는 여자에게 묻는다. "그런데 음악에 대해 어느 정도 아는 거냐?"고. 우아하게 달랑 커피 한 잔 들고 무심한 듯 물어보는 남자의 질문에 대응하는 여자의 얼굴. 순간 어떤 대답이 나올지 궁금했다. 그런데 여자는 "아버지가 오케스트라에서 바이올린을 연주했기 때문에 음악은 집과 같다"고 대답한다. 그렇군. 남자는 이에 여자에게 피아노 연주를 들려달라고 부탁하면서 은근히 마음을 내비친다.

1시간 20분짜리 영화에서 이 정도 진행 속도가 딱 맞는다고 생각한 순간, 그들은 우리 예상을 벗어난다. 그들의 목적은 둘의 결합이 아니라 각자의 사랑을 회복하는 것이다. 아니, 사랑을 회복할 수 있는 존재의 가치를 회복하는 일이다. 남자는 런던의 옛 여자에게, 여자는 고향 체코의 남편에게.

이 영화는 1:1의 결합보다 디아스포라의 혼성 결합을 자주 보여 준다. 거리의 악사들이 즉흥 밴드가 되어 주말 동안 음반을 제작하고, 건물 안에 하나뿐인 TV를 보려고 여자 집안으로 젊은(이민자) 남자들이 모여든다. 여자의 엄마는 딸과 체코어로 대화를 나누다가, "엄마 그냥 영어로 하세요"라는 딸의 말에 고개를 내저으면서도 입으로는 "No, thanks"라고 답한다. 더블린이라는 공간에서 각자 나름의 타자성을 지닌 사람들이 서로 공감하고, 서로의 아픔을 어루만지며, 노래를 만들고 삶을 만들어 간다. 그렇기에 여자는 아무런 대가를 바라지 않고 녹음 작업에 참여하고, 남자는 그런 여자에게 어디서 돈이 났는지 모르지만 피아노를 선물로 보낸다. 이제 그들은 사람답게 살 수 있는 현실적 기반 위에 올라섰다. 그 힘은 바로 음악이었고 혼성적 남녀의 만남이었다.

남자 역할을 맡은 글렌 한사드는 실제로 13살 때 학교를 그만두고 거리에서 노래를 부르면서 유명해진 가수라고 한다. 현재 아일랜드 그룹 더 프레임즈(The Frames)의 보컬로서 2006년에 첫 앨범을 냈고, 2007년에 이 영화로 대중들의 큰 관심을 받았다. 여자 역할의 마르케타 이르글로바는 실제 체코 출신의 피아니스트이자 작곡가이다. 그런데 영화와 달리, 실제로 둘은 영화를 찍으면서 연인 사이로 발전했다고 하니 이 영화가 현실과 맺는 액자구조가 참 흥미롭다.

이 영화는 2007년 미국선댄스영화제에서 최고관객상을 받았고, 우리나라에서는 제천음악영화제에서 첫 선을 보인 후 인디영화로는 드물게 단관 개봉에 10만 관객을 모았다. 노래가 좋더라는 관객의 입소문은 젊은 세대의 트렌드를 만들기에 충분했다고 본다. 또 너저분한 감정을 흘리지 않

고 깔끔하게 정리되는 두 남녀의 관계도 근래 보기 드문 현상이기에 이래
저래 이 영화는 시대를 잘 만난 셈이다. 여자가 부르는 몽환적 분위기의 'If
you want me'라는 노래가 자꾸 귓가에 맴돈다.

2007. 12. 7

원스
Once, 2006

개요 드라마, 멜로/로맨스 | 아일랜드 | 86분

감독 존 카니

출연 글렌 핸사드(남자), 마케타 잉글로바(소녀)

수입 영화사 진진

배급 영화사 진진

세상을 향해 이들처럼

〈슈팅 라이크 베컴〉

성룡 영화는 끝난 후 보너스로 NG 컷을 보여 주는 것으로 유명하다. 그런데 〈슈팅 라이크 베컴〉(2002)을 보면 성룡 영화는 '저리 가라'고 할 만큼 정말 유쾌하고 재미있는 엔딩 크레디트가 나온다. 스태프들과 배우들이 주제가를 함께 부른다! 또 NG 장면과 영화에선 볼 수 없던 보너스 컷들이 감독과 배우, 스태프들의 이름과 함께 마지막을 장식한다. 흥에 겨워 어깨를 들썩이며 즐거워하는 모습을 보니, 이 영화가 더욱 사랑스럽다. "홋, 홋, 홋!"

〈슈팅 라이크 베컴〉은 가볍고 무거운 주제들이 한데 어우러져 있다. 영국과 인도, 백인과 유색인, 남자와 여자, 이성애와 동성애, 가족과 개인, 축구와 인생, 우정과 사랑 등 현대 문명사회에서 한 번쯤 논의되어야 할 이야기가 모두 담겨 있다.

인도계 영국인 집안의 둘째 딸, 제스(파민더 나그라)는 베컴을 영웅처럼 떠받들며 축구를 즐기는 소녀다. "다리통 내놓고 축구하고, 요리 하나 못하면서 공을 차는 여자애를 누가 좋아하겠니?" 제스 엄마의 말씀이다. 그러나 제스는 줄(키이라 나이틀리)의 권유로 축구라면 아예 말도 못 꺼내는 부모님 모르게 정식 축구를 시작한다. 타고난 재능을 알아본 코치 조는 줄과 제스를 팀의 주전 공격수로 키우면서 독일 원정과 리그 우승을 노린다.

줄의 어머니도 축구를 반대하긴 마찬가지다. "너같이 선머슴 같은 여자를 누가 좋아하겠니?" 그러나 줄은 아버지의 적극적인 후원으로 축구를 한다. 나중에 제스의 축구 인생을 긍정적으로 생각하는 사람도 아버지가 먼저다. 물론 제스 아버지에겐 그럴 만한 이유가 있다. 그는 외국에서 유명한 크리켓 선수였지만, 단지 인도인이라는 이유로 영국의 어느 팀도 선수로 받아 주지 않아 운동을 그만둔 아픈 과거가 있었던 것이다.

역사적 명암이 짙게 깔린 영국과 인도 문화 속에서 제스와 줄은 기존의 여성적 역할을 강조하는 기성세대의 벽에 부딪힌다. 축구는 남자가 하는 것이며, 그런 걸 이해해 주고 좋아해 줄 남자가 없다는 일종의 편견과 마주한 것이다. 영화 속에서 이 편견을 깨 버리는 두 명의 남자가 나온다. 축구팀 코치 조와 제스의 친구 토니다. 그런데 이 두 남자는 비주류 문화권에 속해 있다. 우선 조는 영국과 갈등 관계인 아일랜드 출신으로, 인도 출신인 제스의 국가적·인종적 차별에 공감할 수 있다. 둘째, 토니는 베컴을 축구선수가 아닌 진짜 남자로 좋아하는 동성애자로, 인도 가정의 약자로서 제뜻을 펼칠 수 없는 제스를 진심으로 이해하고 도우려 한다.

덧붙여 조는 가족과 축구라는 두 가지 면에서 제스와 상호작용을 한다. 무릎 부상으로 선수 인생이 끝난 조. 알고 보니 코치 역할을 하던 아버지에게 약한 모습을 보이지 않으려고 무리하게 연습해서 생긴 결과였다. 이후 조는 가족과 연락을 끊고 지내 왔다. 그래서 자신의 뜻을 굽혀서라도 가족의 바람과 명예, 문화, 사랑을 존중하려는 제스를 향해 "인생은 너의 것"임과 "가족 간의 사랑이 있어서 좋겠다"는 다소 이율배반적 대사를 동시에 던진다. 이에 제스는 "그럼에도 축구를 포기하지 않는 널 보면 아버지가 자랑스러워하실 거라"면서 조의 자신감을 키워 주며, 가족 간의 사랑에 대해 다시 생각하게끔 만든다. 둘은 서로에게 좋은 거울 역할을 하며 성숙한 정체성을 형성하게 되는 것이다.

물론 그들에게 딱딱한 축구 인생만 있는 건 아니다. 축구를 이해하는 남자를 사랑하겠다던 줄과 제스는 둘 다 조를 좋아한다. 그런데 시간이 갈수록 조는 제스에게 마음이 기울어지고 이를 눈치 챈 줄과 제스의 우정은 위기를 맞는다. 이 영화가 마음에 들지만 두 여자가 한 남자를 사이에 두고 삼각관계에 놓이는 이 진부한 라인은 어쩔 수가 없다. 하지만 앞에서 언급했듯 제스와 조의 관계가 개인적, 문화적, 사회적인 이슈들이 통과하고 조화를 이루는 과정의 축소판이므로 용서할까 한다. 그리고 10대 시절 풋풋한 로맨스야말로 인생과 영화의 양념 아니던가.

제스는 언니의 결혼식 중간에 아버지의 허락을 받아 결승전에 참가하여, 베컴처럼 멋진 프리킥을 성공시키고 미국 팀에 공식 스카우트된다. 이때 떠들썩하고 화려한 인도의 전통 혼례식과 축구 경기의 흐름이 교차 편집되는 장면이 매우 흥미롭다. 가령, 제스가 프리킥을 성공시키고 동료들에게 들려 환호를 받을 때, 언니 핑키는 기쁨에 넘친 새 신랑이 훌쩍 안아

　　　　　　　　　　　주민아의 시네마 블루

올린다. 혼례식에 모인 친척들의 웃음소리, 음식과 춤은 인도의 실제 전통에 가깝게 진행된 것 같다. 인도 출신 여자 감독 거린다 차다가 직접 각본을 쓰고 연출했기 때문이다.

제스의 미국행 소식을 들은 가족들은 처음엔 당황한다. 그러나 아버지는 제스가 본인처럼 상처받지 않고 당당히 나아가 승리하길 바라며 마침내 허락한다. 제스의 말대로 "세상의 모든 것으로부터" 딸을 "보호하고" 싶었던 부모님은 무엇이 진정한 보호이며 사랑인지 보여주신 것이다. 게다가 백인과의 결혼은 '집안 망신'이라고 생각했던 부모님은 결국 조와의 사랑도 이해한다. 마지막 장면, 조가 제스의 아버지와 형부와 함께 함께 크리켓을 하는 모습은 정겹고 아름답다.

앞에서 말한 대로 이 영화는 동성애 문제도 다루지만, 본격적으로 이슈화시키거나 부정적인 입장을 나타내는 건 아니다. 가령, 제스와 줄이 길거리에서 함께 얼굴을 붙들고 웃음을 참지 못하는 모습을 보고 핑키의 시어머니는 "제스가 영국 남자애랑 길거리에서 키스를 하더라"며 파혼을 요구한다. 그들은 그게 모두 "머리가 사내처럼 짧은 영국 여자애" 때문이라고 생각한다.

한편 영국과 인도, 남자와 여자라는 범주에서 벌어진 이 웃지 못할 오해 혹은 편견이 영국인 줄의 어머니에게 넘어오면 동성애 문제로 확대된다. 조와의 삼각관계로 말다툼하던 줄이 제스에게 "네가 날 배반했다"고 소리치며 우는 목소리를 들은 엄마는 "남자애들한테 관심도 없더니, 결국 여자를 좋아했던 거라"고 착각한다. 급기야 경기장에서 골을 넣은 기쁨으로 제스와 둘이 입맞춤하는 걸 보고선 말을 완전히 '레즈비언'으로 몰아 버린다. 그랬던 엄마가 오해가 풀리자마자, "레즈비언이 어때서, 난 그런 편견 없다"며 기가 막힌 표정을 짓는다. 이게 바로 보통사람들의 모습이다.

이 영화가 오직 축구에 관한 이야기라고 생각해선 안 된다. 오히려 다른 문화와 사회, 인간관계 속에서 좌충우돌 꿈을 안고 성장해 가는 젊은이들의 이야기다. 무릇 세상의 모든 이야기는 원형이 존재하며 이후에 나오는 이야기들은 그 원형을 어떻게 다양화시키느냐의 문제다. 똑같은 스토리를 다르게, 새롭게, 낯설게 반복하는 것이 바로 창조적 작가(감독)의 목표다. 이런 면에서 〈슈팅 라이크 베컴〉은 갈등과 편견을 딛고 재능과 의지로 세상을 향해 뛰어가는 젊은이들의 모습을 새로운 시각에서 잘 그려 냈다고 생각한다.

거기에 축구라는 소재가 주는 설렘과 친숙함 때문에 이 영화는 더욱 친근하게 다가온다. '맨체스터 유나이티드'의 올드보이 베컴과 뉴 보이 박지성에 열광하는 여성 팬이라면, 아니 축구를 사랑하는 팬이라면 분명 이 영화를 좋아할 것이다. 나도 축구팬으로서 적극 추천한다.

플러스! 영국의 어느 신문에서 그랬단다. "부상 회복한 박지성의 복귀는 맨유에게 멋진 성탄 선물"이라고! 비록 크리스마스 시즌용으로 만들어진 것 아니지만, 이 영화가 주는 행복과 희망의 메시지를 안고 성탄절을 기다리는 것도 꽤 괜찮은 즐거움일 것 같다.

2006. 12. 12

이 영화가 오직 축구에 관한 이야기라고 생각해선 안 된다.

오히려 다른 문화와 사회, 인간관계 속에서

좌충우돌 꿈을 안고 성장해 가는

젊은이들의 이야기다.

슈팅 라이크 베컴
Bend It Like Beckham, 2002

개요 드라마 | 미국, 영국, 독일 | 112분

감독 거린다 차다

출연 파민더 나그라(제스), 키이라 나이틀리(줄
리스), 조나단 리스 마이어(조)

수입 동숭아트센터, 디지털네가

배급 씨네월드

그들만의 레퀴엠

〈노킹 온 헤븐스 도어〉

하얀 포말과 시원한 파도 소리, 파란 물결, 밀려드는 파도의 리듬, 바다는 자연이 선사하는 미술과 음악의 향연이다. 여름, 겨울 언제라도 바다를 떠올리면 꼭꼭 숨겨 놓은 그리움이 한꺼번에 밀려오는 알싸한 기분이 든다. 불치병에, 암 말기에 사형선고를 받은 두 남자가 이 기분을 느껴 보려고, 벤츠를 훔쳐 병원을 탈출한다. 영화 〈노킹 온 헤븐스 도어(Knockin' on Heaven's door)〉(1997)는 두 남자 마틴과 루드가 바다를 보러 가는 이야기다. 영화를 다 보고 나면 1시간 25분이라는 짧은 러닝타임이 야속하기만 하다. 마지막 장면, 하얀 파도가 치는 바다 앞에 루드는 데킬라를 들고 마틴은 담배에 불을 붙이고 앉는다. 순간, 파도 소리가 들리는가 싶더니 주제가의 알싸한 전주가 흐르고 카메라는 두 사람의 등을 수평선과 같은 방향으로 잡아 준다. 이 평화롭고 아름다운 순간, 마틴은 동공이 커지면서 옆으로 쓰러지고 만다. 이보다 더 철학적 아름다움을 지닌 영화 장면이 있었던가.

사실 영화 전체를 다 보기 전에, 이 마지막 장면부터 엔딩크레디트까지만 몇 번 돌려본 적이 있다. 그들이 바다를 보러 오는 여정보다 바다에 도착했을 때의 모습이 너무 궁금했기 때문이다. 그러나 영화는 그 궁금증에 찬물을 끼얹고, 대신 묘한 슬픔의 소곡을 들려 준다. 그들이 병원 주방에서 레몬과 소금 안주로 데킬라를 마시며, 듣기 좋은 독일어로 주고받는 대화를 기억하는가.

"바다를 한 번도 못 봤어? 우린 지금 천국의 문 앞에서 술을 마시는 거야. 세상과 작별할 순간이 다가오는데 그런 걸 못 봤단 말이야? 그곳엔 별다른 얘깃거리가 없어. 바다의 아름다움과 바다에서 바라본 석양을 얘기할 뿐이야. 노을이 질 때, 커다란 불덩어리가 바다로 녹아드는 모습. 사람들은 자신들이 느꼈던 그 강렬함과 세상을 뒤덮는 바다의 냉기를 논하지. 영혼의 불꽃만이 영원히 남게 돼."

둘은 골수암 말기와 뇌종양 말기 환자로 물리적인 죽음을 눈앞에 두고, 죽음을 상상한다. 말 그대로 천국의 문 앞에서 노크를 하고 있는 처지에 죽음이라는 단어조차 두렵기만 할 터인데, 그들은 죽음을 전무후무한 천국의 내러티브로 승화시킨다.

숱한 드라마와 영화, 소설에서 죽음을 앞 둔 사람들이, 혹은 마음의 죽음을 겪는 우울한 사람들이 다들 약속이나 한 듯 "바다가 보고 싶다"고 말하며 너무나 쉽게 바다 앞에 서 있지 않았던가. 그러나 그들에겐 마틴이 들려 준 천국의 비밀 같은 아스라한 상상력이 없었다. 바다에 고요한 적막과

요동치는 파도가 다 존재하듯, 인간은 죽음 앞에서 존재의 적막과 소용돌이에 한 걸음 더 바짝 다가설 수 있음을 이 영화는 증명한다. 이로써 바다는 천국과 지상을 연결하는 완벽한 매개체로 재탄생한다. 마지막 장면이 아무런 대화나 설명 없이, 음악과 파도 소리로 천국으로 가는 레퀴엠을 만들어 준다. 관객은 이 아름다운 장례식에서 애달픈 눈물이 아니라, 고요한 카타르시스를 느끼고 진심으로 그들을 보낼 수 있다.

영화는 그들의 여정을 고전 희극처럼 주인공들과 주변 인물들이 얽히고설킨 야단법석을 그대로 허용한다. 은행 강도나 차량 절도 같은 사회적 범죄에도 선악징벌을 요구하지 않으며, 오히려 경찰과 주변 사람들이 그들의 바다 여행을 은연중에 응원하는 듯 이상한 동조감마저 든다. 마틴이 루드를 인질로 잡고 도피 행각을 벌이는 것으로 위장하는 그들만의 스토리도 꽤 흥미롭고, 이에 경찰은 정신분석학자를 데려다가 범죄자와 동료의식을 느끼는 '헬싱키 신드롬'에 대해 강의를 듣기도 한다. 그러니 마지막 장면에 매료되어 이 영화가 제대로 된 코미디 영화임을 잊어선 안 된다. 하지만 우린 이미 마틴과 루드와 함께 바다를 보러 가는 지상 목표에 심취하여, 그 외에 다른 것을 전혀 개의치 않는 이상한 의지를 발휘한다. 위에서 설명했듯 이 영화는 관객을 그 분위기로 자연스럽게 이끌어 갈 수 있는 힘을 지녔기 때문이다. 천국으로 가는 길임을 아는 것일까. 서서히 죽어 간다는 사실을 제외하고, 마지막 여행길은 마치 그들의 꿈을 위해 준비된 듯 스르르 움직인다.

밥 딜런의 유명한 곡 '노킹 온 헤븐스 도어'는 독일 록 그룹 젤리그(Zelig)에 의해 영화 음악으로 재탄생했다. 마지막 장면, 은근히 밀려오는 음악은 밀려가는 파도와 정지된 두 남자, 올라가는 엔딩 크레디트라는 수직수평 구조와 교묘히 맞물려 전율에 가까운 감동을 선사한다. 잔혹한 전쟁 현실을 드러내려 했던 원곡의 의미는 가장 적극적인 레퀴엠으로 그들의 여정을 밝혀 주고 있다.

2007. 7. 13

노킹 온 헤븐스 도어
Knockin' On Heaven's Door, 1997

개요 액션, 범죄, 드라마, 코미디 |
　　　독일, 네덜란드, 벨기에 | 89분

감독 토머스 얀

출연 틸 슈바이거(마틴)
　　　잔 조세프 리퍼스(루디)

배급 (주)엣나인필름

파란 물결의 프티 오디세이아

〈지중해〉

온 천지에 눈이 시리도록 파란 하늘이 지중해 바닷물처럼 넘실대고, 거리거리마다 수북이 쌓인 낙엽들이 홍옥과 마노처럼 늦가을을 비추고 있다. 이번 주 이곳의 날씨는 근래 10여 년 중에서 가장 아름다운 날이다. 이 감탄에 우리 학생들은 별다른 감흥이 없는 듯했으나, 계절의 아름다움을 만끽하는 감성에도 어느 정도의 세월이 필요한 법이니 그들에게 앞으로 수없이 남은 계절이 더욱 아름답기를 기원할 뿐이다. 불현듯 파란 하늘을 보고 황당하게도 지구 건너편 바다 '지중해'가 떠올랐던 건, 분명 영화 〈지중해〉(1992)에 나왔던 그 파란 잉크를 풀어놓은 것 같던 그야말로 파란 에게해 때문일 것이다.

2차 대전 말, 1941년 그리스의 외딴 섬 미기스티에 들어온 이탈리아의 군인들은 저마다의 사연을 안고서 3년 동안 이곳에 머물게 된다. 전쟁이 끝난 줄도 모르고 노인과 아이들, 여자들만 남은 이섬에서 각자의 개성을 유감없이 발휘하는 오합지졸들은 마치 고전 그리스 희극에 등장하는 인물들을 닮았다. 무대 정면에서는 익살스런 웃음을 주지만, 순간 지나고 나면 짙은 페이소스를 남기는 그리스 고전의 드라마 코드가 바로 이 영화를 관통하는 테마이다.

미술과 시를 사랑하는 교사 출신의 라파엘 중위는 강제 징집되어 여기까지 왔다. 섬의 풍광과 사람들의 모습을 그리고, 나중엔 신부님의 부탁으로 독일군이 부순 벽화를 고치고 완성한다. 라파엘 중위의 당번병이자 기록병 안토니오는 어릴 적 양친을 잃은 사고무친(四顧無親)이다. 중위가 건넨 그리스 고전시를 읽으며 점차 사랑이라는 감정에 눈을 뜬다. 그러다 군인들을 상대로 몸을 파는 창녀 바실리사를 사랑하게 되고, 둘은 결혼까지 이른다. 군인정신을 타고난 특무상사 출신의 니콜라는 조국과 군법을 목숨처럼 아끼지만, '우주 속에 인간이 한 점 먼지일 뿐'이라는 감정을 토로할 줄 아는 감상주의자이기도 하다. 니콜라 옆에는 그의 '사랑'이 되고 싶어 하는 루치아노가 있다.

바다를 처음 본 뮤나론 형제는 아이처럼 순진하면서도 어리석은 인물들이다. 이곳 섬 처녀를 사랑하지만 그들은 이탈리아로 돌아간다. 항상 아내 마리아에게 편지를 쓰면서 귀향을 꿈꾸는 노벤타는 결국 섬마을에서 숨겨 놓은 작은 배를 타고 무모한 항해를 하는 장면으로 끝난다. 사람보다 노새에게 정을 쏟는 스트라자보스코는 야간 보초들의 암호놀이 중에 노새 실바나를 잃고 상심하여 무전기를 망가뜨린다. 이렇게 세상과의 유일한 소통수단이 망가지면서, 나중에 불시착한 이탈리아 조종사가 등장하여 종전과 조국의 혼란을 이야기해 줄 때까지 그들은 3년 동안 그야말로 '망각'의 세월을 보낸다.

라파엘 중위는 마을 노인의 초상을 그리면서 책에서 보았던 호메로스와 많이 닮았다고 말한다. 평범 이하의 순진하고 어리석은 이들의 섬 생활 3년의 이야기는, 어쩌면 10년간의 참혹한 트로이 전쟁을 끝낸 후 세상을 돌아다니다 귀향한 오디세우스의 모험을 담은 호메로스의 서사시 『오디세이아』를 영화라는 수단을 이용해 그 서사를 기교적으로 추락시킨 버전처럼 보인다. 하지만 그 추락은 삶과 인간 군상들의 본질에 가까이 다가가는 하나의 문학적 장치로서, 그 진정한 뜻은 머물렀던 자(안토니오)와 중간에 다시 들어온 자(니콜라), 늙어서 돌아온 자(라파엘)가 한 자리에 모인 마지막 장면에서 비로소 드러난다. 보잘것없는 개인이 뜻밖의 운명과 모험 같은 오디세이아를 펼치지만, 결국 어느 순간 삶의 석양이 지는 지점에 이르게 마련이라는 섭리. 그렇기에 모두의 여자였고 동시에 한 남자의 여자였던 바실리사의 넘치는 생명력이 차가운 묘비의 작은 사진 한 장으로 마무리 되어 클로즈업 되는 장면은 서글프고도 아름답다.

전체 1시간 30분 정도의 길이에서 전반부 25분 동안 날아다니는 닭의 파닥거림에 놀라 총을 쏘는 이 한심한 군인들을 보노라면 영화의 후반부를 기대하기 어렵다. 그러나 25분을 잘 견디고 나면 마치 오디세우스를 유혹했던 사이렌의 노래인 듯, 지중해 바람에 잘 마른 하얀 빨래와 파란 바다를 배경으로 아이들의 웃음소리가 들린다. 오디세우스의 부하들이 키레네의 마법의 술에 취해 돼지로 둔갑했듯이, 그들은 아지즈라는 터키 도둑이 건넨 아편과 술을 마시면서 섬사람들로 동화된다.

그들은 정녕 이 세상의 고통을 잊고 오롯이 행복한 꿈만 꾼다는 로터스 열매를 먹었던 것일까? 그 아찔한 평화 속에서도 노벤타는 아내를 찾아 떠나고, 니콜라는 배를 타고 온 세상을 누비는 상상을 한다. 영화 〈지중해〉의 매력은 인간에게 주어진 이 작은 로터스 열매로도 "충분치 않은" 인간의 본질적 서글픔을 드러내는 점이다.

힘차게 노를 저으며 귀향을 꿈꾸는, 하지만 그 성공을 장담하기 힘든 여정을 시작한 노벤타가 노래한다.

'비록 내가 죽는 건 유감이지만 그래도 난 행복해요.'

이 힘겨운 역설의 논리가 통하는 곳은 다름아닌 인간의 삶이다.

2008. 11. 14

지중해
Mediterraneo, 1991

개요 전쟁, 드라마, 코미디 | 이탈리아 | 96분

감독 가브리엘 살바토레

출연 디에고 아바탄투오노(니콜라 로루소)

클라우디오 비가글리(라파엘 몬티니)

쥬세페 세데르나(안토니오 파리나)

클라우디오 비시오(코르라도 노벤타)

지지오 알베르티(엘리소 스트라자보스코)

밀로스에겐 특별한 게 있다

〈가까이서 본 기차〉

사람들은 누구나 마음으로 꿈꾸는 나라, 혹은 도시 하나쯤 있을 것이다. 체코의 프라하! 소리의 울림만으로 낭만적인 분위기를 하나 더 얹은 프라하는 체코와는 별개로 느껴지는 도시 이름이 되어 버렸다. 사실 체코는 세계사적으로 볼 때 격동과 아픔의 세월을 많이 겪었다.

1960년대 후반 좌절당한 자유민주화 운동 '프라하의 봄'은 냉전체제 속에서 체코가 겪은 근대적 상처다. 카프카와 밀란 쿤데라의 모국으로, 여러 서구 영화의 로케이션 촬영지로 유명한 체코를 접어 두고, 이번에 그들의 진짜 속내를 보이는 영화를 접하게 되었다.

영화 〈가까이서 본 기차(Ostre Sledovane Vlaky)〉는 프라하의 봄 직전 1966년에 만들어진 영화로, 당시 아카데미 외국어영화상을 받는 등 호평을 받은 수작이다. 체코의 국민작가 보흐밀 흐라발의 동명소설이 당시 20대 감독 이리 멘젤(Jiri Menzel)에 의해 재탄생한 것이다.

영화의 도입부, 주인공 밀로스는 우습고도 비극적인 가족 역사를 훑어가며 제복을 입고 있다. 밀로스의 침통하면서도 비장한 얼굴은 마치 전쟁터에 나갈 군인처럼 보이지만, 사실 그는 새내기 역무원으로 첫 출근을 앞두고 있다. 이 모습은 영화 말미, 얼떨결에 레지스탕스의 폭탄작전에 휘말려 기차로 떨어진 그의 모자만 달랑 날아오는 장면으로 대응된다. 장황하게 3대의 역사를 서술하지만, 가령 독일군 탱크에 최면을 걸어 멈추어 진격을 막겠다며 황당하게 죽은 할아버지의 경우처럼, 결국 밀로스도 아픈 역사 속에 낀 우스운 고춧가루처럼 역사의 한 줄을 완성하게 된다. 감독은 사소한 일상을 큰 정치적 흐름 속에 끼워 넣으려고 애쓰진 않지만 우연히, 혹은 필연적으로 밀로스의 비극은 차근차근 진행된다.

마사에게 남성다움을 증명하지 못한 밀로스는 잠에서 깨자마자, 설상가상 독일군의 공습으로 온통 쑥대밭이 된 마사의 집을 나온다. 그리고 손목을 그어 자살을 시도한다. 그는 남성을 증명하지 못한 충격과 패배감이 이유였다고 의사에게 설명한다. "난 인생의 모든 것이 너무 힘들어요." 밀로스의 성장 드라마는 이제 시작이다. 반면 밀로스의 선배 후비카는 능숙한 말솜씨와 행동으로 여성을 리드하면서 밀로스의 사촌과 전신기사 즈뎅카를 유혹한다. 역장은 남성적 욕망을 숨기지 않는 이런 후비카에게 "세상의 종말"이니 "소돔과 고모라"를 소리치며 매번 타박한다. 공적 업무가 진행되는 역장실에 여자를 끌어들이고, 공식서류에 날인하는 도장을 여자의 엉덩이에 찍으면서 유희하는 후비카의 행동은 역장의 이중적인 태도와 대조되면서 통쾌함마저 느끼게 한다.

패망이 가까운 히틀러 치하, 체코의 작은 역 안에서 벌어지는 에로스

싸움이 결국 독일군 훈육 위원회의 심의로 연결되어 "신성한 독일 언어를 모욕하고 명예를 훼손시켰다"는 우스운 판결을 내리는 장면을 보라. 특히 레지스탕스 작전을 수행할 목표물 열차가 접근하고 있는데, 심의를 받느라 나가지 못하는 후비카의 몹시 긴장한 얼굴과 즈뎅카의 노골적인 진술에 침을 삼키며 긴장하는 독일 장교의 얼굴이 흥미롭다.

동상이몽, 개인적 욕망과 사회적 욕망이 서로 얽히는 이런 패턴을 교묘하게 조직하는 연출력이 바로 이 영화의 힘이다. 작전에 쓸 폭탄장치를 들고 온 빅토리아를 통해 밀로스가 마침내 남성을 확인하는 맥락도 마찬가지다.

작전 암호명 '빅토리아 프라이에'가 여성으로 전이되고, 후비카는 그 여성에게 밀로스를 부탁하고, 밀로스는 그 여성을 통해 남성성을 획득하고, 결국 그 대가로 의지와 무관하게 조국을 구하는 작전에 휘말려 어정쩡한 죽음을 맞이한다. 이게 바로 인간의 아이러니한 비극이다.

그러고 보니 이 영화의 배경, 기차역은 인간의 삶에서 공식적 절차와 사적인 정서가 가장 자주 통과하는 공간이다. 별다른 거부감 없이 매표하고 정해진 시간에 발착하면서 누군가와 만나고, 이별한다. 감독은 매번 하얀 기차 연기를 흩날리는 눈발처럼 화면 가득 그려 낸다. 그리고 마지막엔 잿빛 폭발 연기로 뒤덮으며 인간의 삶을 휘감고 있는, 보이지 않는 희비극적 힘을 암시한다. 나치 치하의 영화 속 시대적 배경과 공산 치하 민주화 운동을 하던 실제 제작 시기도 이 영화를 다양하게 해석하는 실마리가 될 것이다. '가까이서 본 열차'는 곧 '가까이서 본 삶'을 은유하는 장치가 아닐까.

주민아의 시네마 블루

원작 소설은 2006년에 『엄중히 감시받는 열차』라는 제목으로 국내에 다시 소개되었고, 영화는 올해 5월 시네큐브에서 단관 개봉했다.

2007. 6. 29

가까이서 본 기차
Closely Watched Trains, 1966

개요 코미디, 드라마, 전쟁 | 체코 | 92분

감독 이리 멘젤

출연 바클라프 네카르(밀로스 흐르마)

지트카 벤도바(마사)

요세프 소므르(후비카)

전쟁, 그 삶의 끝에 선 예술가

〈피아니스트〉

그렇게 미루고 또 미뤘지만 결국 올 것은 오고야 만다. 마음에 빗장을 미리 치고도 감히 근접하기가 꺼려지는 그런 일이 영화 감상을 할 때에도 일어난다. 근래에 전쟁 영화를 보기가 힘들다. 다시 찾아봐야 할 2차 대전 관련 영화들이 너무 많은데, 그 잔인한 모습을 대면하기가 점점 어려워진다. 하물며 요즘엔 TV 멜로드라마 주인공이 죽어 가는 모습도 몸서리치게 싫어서 왜 작가들은 자꾸 사람을 죽이는 거냐고 혼자서 불평한다. 내 딴에는 나이가 들어가는 탓이라고 하지만, 인간 영혼이 아무렇지 않게 침식 당하는 전쟁의 부조리가 몸서리치게 혐오스런 탓이다. 또한 그 역사를 따스하게 어루만질 수 없는 우리 세대의 연약한 문명적, 윤리적 기반 위에 나 역시 서 있기 때문이다. 보스니아 내전의 상처를 다룬 〈그르바비차〉(2006)를 어렵게 구해 놓고도 아직 못 보고 있는 것도 실은 그 비겁함 때문이다.

그런데 이런 나에게 로만 폴란스키의 〈피아니스트〉(2002)가 들어왔다. 늘 봐야지 하면서도 뼈아픈 유태인의 역사에 대면할 만한 에너지가 없던 나를 더 이상 기다릴 수 없었는지, 정말 우연히도 그 DVD가 나를 따라왔다. 홀로코스트는 인간의 역사 중에 가장 비인간적인, 그래서 더욱 인간의 본질을 재고하게 만든 하나의 이정표와 같다. 물론 그 이면에는 1909년 독일의 프릿츠 하버가 농약과 폭약에 쓰일 질소 성분을 암모니아 합성물질로 만드는 데 성공하는 등 군수산업의 비약적인 성장으로 인해 독일이 양차대전의 빌미를 제공한, 경제사회학적 원인도 도사리고 있다. 그러나 결국 전쟁은 인간의 욕망과 실수, 잔인성과 집단 이기주의가 빚어내는 죽음의 향연일 뿐이다. 영화 〈피아니스트〉에서는 주인공 스필만(에드리안 브로디)의 대사와 장면을 통해 폴란드 내 "50만 명의 유태인이 단 몇 달 만에 5만 명으로" 줄고, 그 5만 명조차 살상 당하는 상황을 목격할 수 있다.

이 영화가 이런 쓰라린 사실을 극화시키는 데 이용한 요소는 바로 피아니스트이다. 솔직히 말하면 영화를 보는 내내 주인공 스필만이 저렇게 해서라도 살아남아야 하는 것인지 혼란스럽다. 단지 인간적인 측면이 아니라, 순전히 영화 구성적인 측면에서 그 캐릭터를 저렇게까지 살려 두는 까닭이 무엇인지 그 점이 내내 묵직한 바위처럼 마음에 걸린다. 〈인생은 아름다워〉(1999)처럼 아들을 위해 끝까지 웃는 모습으로 그냥 죽어 가는 게 더욱 영화답지 않을까. 아니면 〈제이콥의 거짓말〉(2000)처럼 거짓을 동원해서 그 희망으로 결국 동료들과 자신도 살리는 능동적인 태도를 보이는 게 정말 극적인 캐릭터가 아닐까.

그러나 휠체어에 앉은 유태인 노인을 땅바닥으로 던져 버리는 장면 등에서 알 수 있듯이, 로만 폴란스키는 그런 미소와 희망이 일말의 판타지일 뿐이라고 조소한다. 스필만이 완전히 불타 버린 황폐한 게토로 역 피난을 들어올 때에, 카메라가 후경까지 조감하며 잡아 내는 장면을 보라. 그 순간 스필만은 존엄성을 지닌 인간이 아니라, 그 황폐함 속에 뿌려진 약간의 얼룩일 뿐이다. 물론 로만 폴란스키에게도 판타지는 있다. 그렇지만 판타지는 인간의 영역이 아니라고 단정하는 것 같다. 다락방에 숨은 스필만의 피아노 연주에 감동한 독일군 장교는 철수하기 직전까지 빵과 옷을 챙겨주는데, 이에 감사를 표하는 스필만에게 장교는 이렇게 답한다. "그건 신의 뜻이라고." 이는 다름 아닌 로만 폴란스키가 주는 대답이다. 동시에 그가 인간에게 보내는 미소이자, 희망이며, 판타지이다. 그러나 전쟁과 잔인성은 인간의 역사에서 휴식한 적이 없다. 이 사실이 〈피아니스트〉가 드러내야 할 현실성이다.

이 영화가 주인공 피아니스트의 음악과 삶에 관한 영화로, 전쟁이 그 배경이 되었다면 스필만은 폐허 속에서 마지막으로 피아노를 연주하다가 화염에 휩싸여 최후를 맞이했을 것이다. 그러나 영화 속 스필만의 피아노 연주는 상대적으로 노출이 적고, 그나마 상대적으로 안전한 환경에서 진행된다. 전쟁은 그의 삶을 쥐고 흔든 칼자루이지만, 그의 음악만큼은 그 칼자루 앞에서 늘 당당하다. 마지막, 실제 피아노 리사이틀 실황처럼 연출된 장면은 그렇게 당당했던 음악을 내세워 속절없이 무시당한 인간 존엄성을 회복한 예술가에게 박수를 보낸다.

로만 폴란스키는 이 전쟁 영화를 통해서 결국 생존과 예술을 말하고자 했던가. 이는 어쩌면 유태계 폴란드인으로 홀로코스트를 겪은 폴란스키의 전기적 사실과 맞닿아 있는 듯하다. 이 영화는 칸영화제 그랑프리, 아카데미 남우주연상 등 홍복을 누렸다. 마치 박수갈채를 받은 영화의 마지막 장면처럼…. 체중을 줄이고, 일상의 안락함을 포기하고, 쇼팽의 피아노곡을 직접 칠 수 있을 때까지 훈련하고, 영화가 끝난 후 일상을 회복하는 데 반년이 걸렸다는 주연 에드리언 브로디의 BBC 인터뷰(2003.1.24)는 그나마 나의 부채 의식을 대신 채워 주는 듯하여 감사할 따름이다.

2008. 2. 22

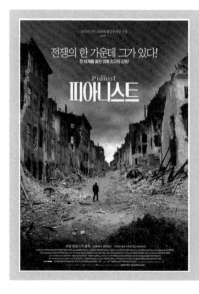

피아니스트
The Pianist, 2002

개요 드라마, 전쟁 | 프랑스, 독일, 폴란드, 영국, 네덜란드 | 148분

감독 로만 폴란스키

출연 애드리안 브로디(블라디슬로프 스필만) 토마스 크레취만(빌름 호젠펠트)

수입 감자

배급 씨네월드

그녀의 눈은 신을 보고 있었다

<그향>

까만 아이라인에 짙은 눈 화장의 깊은 눈매, 금방이라도 저 아득한 심연 속으로 들어갈 것처럼 앙다문 입술, 살짝 옆으로 비껴간 그녀의 시선은 분노와 애증이 소용돌이치고 있다. 영화 <귀향>(2006)의 포스터를 처음 보았을 때 그랬다. 페넬로페 크루즈의 그 도도한 턱이 내 눈 안에 들어왔을 때, 분명 이전과 다른 분위기를 느낄 수 있었다. 영화를 아직 못 본 상태에서는 그게 단지 '페드로 알모도바르 감독의 작품이기 때문이겠지'라고 짐작했다.

몇 년 전 영화 <그녀에게>(2002)를 보고 나서 독특한 컬러 영상 감각과 내러티브를 감상한 적이 있다. 뭐랄까. 그의 영화는 가슴 언저리 부분을 계속 이리저리 배회하면서 조금씩 상처와 사랑을 드러내 버린다. 그런 후엔 또 그렇게 슬며시 마음의 가장자리를 따라 훌쩍 떠나간다고 할까. <귀향>의 마지막 장면, 이레나가 아우구스티나나를 돌보기 위해 라이문다를 보내고 방에 들어간다. 그렇게 슬며시 어둠 속으로, 내가 느끼기엔 관 속으로, 지하 무덤 속으로 들어가는 듯한 장면으로 영화는 끝을 맺는다.

왜 파울라가 빠꼬를 죽이고 라이문다가 힘들게 그 뒷정리를 했다는 이야기가 직접 서술되지 않았을까. 라이문다가 과거의 상처를 그대로 반복하였다는 사실을 가장 먼저 알리고 싶은 사람은 바로 엄마 이레나였다. 관객은 처음부터 끝까지 그녀의 불가항력적인 상황을 두 눈으로 똑똑히 보았다. 그러나 스크린 밖의 관객은 그녀에게 아무런 도움이 되지 못한다. 그러니 자연스럽게 이런 의문이 든다. 감독은 라이문다와 이레나에 관한 진실은 철저히 관객에게 숨긴 채, 앞으로 나아가면서 왜 빠꼬의 일은 그렇게 구체적으로 설명해 주었을까. 물론 그 불친절함은 관객에게 능동적인 감상의 기회를 안겨 주며, 그 결과 우리는 인물들에게 더욱 집중할 수 있으며 진심 어린 연민을 쏟을 수 있다.

과거에 스스로가 무너질 정도로 힘겨운 상처(트라우마)를 겪었던 사람은 부지불식간에 어느 때, 그것과 비슷한 상황에 다시 처하게 된다. 그때 인간은 두 가지 반응을 보인다. 첫째, 과거의 상흔에 억압되어 다시 그때와 똑같이 무기력하게 무너진다. 둘째, 과거의 상흔을 딛고 강한 주체로 우뚝 선 사람은 그 상흔을 제대로 인식하고서 패배자에서 승리자의 자리로 올라선다. 형식적으로 보자면, 라이문다는 능동적인 두 번째 주체에 속한다.

온통 여자들뿐인 고향 마을, 그리고 마드리드 동네. 겉으로 보면 라이문다도 그들과 별다를 바 없이 그저 '남자 복 없는 불쌍한 여자'로 보인다. 그녀와 비교했을 때 이혼하고, 자식도 애인도 없이 사는 겁쟁이 언니 쏠레는 오히려 평범해 보일 정도다. 라이문다의 평범하지 않은 분위기는 이 영화 전반을 둘러 싼 비밀 혹은 진실과 관련이 있다. 그런데 이상하게도 그것이 마치 그리스 고전 비극 『오이디푸스 왕』의 가려진 진실 혹은 비정한 신탁을 찾아 나서는 분위기와 매우 흡사하다.

이미 붉은 기운이 넘치는 포스터 속에서 눈부시게 붉은 꽃을 귀에 꽂은 페넬로페 크루즈를 보는 순간, 난 '그녀에게' 빠져 버렸다. 영화가 끝난 후, 내 느낌의 정체가 무엇이었는지 알 수 있었다. 두 시간 넘는 이 영화에서, 다 합쳐서 채 5분도 안 되는 두 개의 장면을 고르고 싶다. 그 장면이 영화의 모든 것을 말해 주기 때문이다.

첫째, 그 분위기의 절정은 바로 라이문다가 노래를 부르는 장면이다. 아, 근래 영화 속에서 이렇게 절실하게 아름답고 가슴을 마구 할퀴듯 마음을 사로잡은 장면이 또 있었을까 싶을 정도다. 라이문다는 정녕 가슴에 가득 찬 한 맺힌 세월을, 평생 짊어지고 가야 할 피맺힌 사연을, 세대를 이어 반복된 비정한 운명을 그 노래에 실었던 것이다. 구슬프고 서글픈 멜로디를 따라 깊은 눈가로 흐르는 눈물. 그 눈물을 보며 함께 숨죽여 우는 사람이 있었으니 바로 엄마 이레네였다. 이 눈물은 엄마로서 딸의 상처를 미처 알지 못하고 살아왔던 자신을 자책하며 "두 눈을 뽑아 버리고 싶었었다"는 이레네의 고백과 오버랩된다. 그리고 "용서를 빌려고 돌아왔다"는 대답으로 두 세대에 걸친 피맺힌 운명은 마침내 연민과 화해의 길로 들어선다.

둘째, 연민과 화해를 상징하는 장면도 있다. 엄마와 고향으로 가는 길, 강가에서 잠시 쉬는데, 그곳은 라이문다가 빠꼬를 묻은 곳이다. 라이문다는 비정한 운명을 끊어 버린 기록을 남기듯, 묻은 자리 옆 나무에 빠꼬의 생멸

날짜를 새겨 놓았다.

파울라는 빠꼬가 그곳에 묻혔음을 눈치 채고 "여기서 평안히 쉬기를 바란다"고 애도한다. 두 여자의 엄마이면서 언니인 라이문다. 딸이면서 여동생인 파울라. 파울라는 그 사실을 모른다. 언니 쏠레도 모른다. 참, 어찌 보면 피를 토하고 죽고 싶은 그 현실을 이렇게 물 흐르듯 실어 보내는 라이문다. 아브라함이 아들을 바치라는 하느님의 명에 기꺼이 순응했던 순간이 떠오른다. 어떤 모습으로 왔건, 그것이 인간의 숙명 혹은 신의 섭리로 이루어진 것일까.

남편이 딸 라이문다를 폭행하고 아이를 가지게 했다는 사실을 알고 오두막에 불을 질러 죽여 버린 엄마 이레네의 말이 생각난다. "아무도 그 일에 대해 조사를 하지 않아서 놀랐어." 그랬다. 고전 그리스 비극 속의 인간의 삶과 운명 그리고 처벌과 복수도 논리적인, 객관적인 훗날의 법과 제도로는 도저히 설명되지 않는다. 이레네, 라이문다 모녀가 겪은 운명도 이와 비슷하지 않을까. 그들의 시골 고향은 '광기의 기운이 넘치고' 아직 '유령을 믿는' 곳으로 등장한다. 법과 제도는 이들의 운명에 힘을 쓰지 못한다.

빠꼬라는 인물은 라이문다의 진정성을 회복시키기 위해 불가항력적으로 필요했던 매개체일 뿐이다. 영화의 처음, 파울라를 덮치려던 그가 파울라의 칼에 찔려 죽고 그 시체를 처리하는 라이문다의 모습을 봤을 때 사실 관객은 매우 의아하다.

우리 머릿속엔 그 순간, 어떤 범죄와 처벌, 법과 원칙이 떠올랐을지도 모른다. 그런데 마지막에 이 기막힌 진실을 듣고 어느 새 라이문다와 이레나를 진심으로 보듬어 안을 수 있게 된다.

파울라가 이레나에게 묻는다. "할머니는 왜 나타나셨어요?", "외로워서 그랬단다". 그건 라이문다의 심정이기도 하다. 삶의 가장자리 궤도에서 돌기만 했던 두 여자는 얼마나 쓸쓸하고 외로웠을까. 이제 두 여자는 연민과 사랑의 궤도로 옮겨 왔다. 이레나가 오두막에 불을 지른 사건으로, 아무 죄도 없이 엄마를 잃었던 아우구스티나. 그녀는 그 사실을 알고 있었으면서도 평생 함구하였다. 그런 아우구스티나가 이제 암에 걸려 세상을 떠나기 전, 엄마를 그리워한다. 거기에 이레나가 나서서 아우구스티나를 돌봐주려 한다. 이것이 바로 진정한 연민이며 사랑이다.

라이문다 역할을 참으로 훌륭하게 연기한 페넬로페 크루즈에게 가슴 가득 진심어린 박수를 보낸다. 예전 〈안토니아스라인〉(1995)을 보고 나서도 그랬는데 오늘 〈귀향〉을 보면서도 똑같은 생각이 들었다. '어쩌면 여자들의 세계는 이 세상이 아니라, 저 너머 우리가 알지 못하는 다른 세상, 신들의 세상과 더 가까이 닿아 있는 게 아닐까.'

2007. 1. 12

주민아의 시네마 블루

과거에 스스로가 무너질 정도로 힘겨운 상처(트라우마)를 겪었던 사람은 부지불식간에 어느 때, 그것과 비슷한 상황에 다시 처하게 된다. 그때 인간은 두 가지 반응을 보인다. 첫째, 과거의 상흔에 억압되어 다시 그때와 똑같이 무기력하게 무너진다. 둘째, 과거의 상흔을 딛고 강한 주체로 우뚝 선 사람은 그 상흔을 제대로 인식하고서 패배자에서 승리자의 자리로 올라선다.

귀향
Volver, 2006

개요 드라마, 판타지 | 스페인 | 120분

감독 페드로 알모도바르

출연 페넬로페 크루즈(라이문다)

카르멘 마우라(이렌느)

제작 에스더 가르시아(Esther Garcia)

시간이 전하는 진실

〈오네긴〉

러시아의 대문호 톨스토이는 인간의 이성이 추구하는 최고의 활동은 사랑이라고 했다. 물론 그가 생각하는 이성이란 인간 내부에 깊이 잠재된 신의 영역으로 그것이 외부로 표출되는 것이 사랑이며, 개인의 차원에서 전우주적 차원으로 이러한 이성적 활동을 전개하는 일이 인간의 바람직한 목적이 되어야 한다.

영화 〈오네긴〉(1999)의 주인공 예브게니(랄프 파인즈)는 가난한 시골 귀족 아가씨 타티아나(리브 타일러)의 사랑 고백을 받은 후, "사랑은 이성을 추락시키는 것이며, '당신'이 사랑하는 '나'라는 사람은 진짜 '내'가 아니라, '당신'이 만들어 낸 사람일 뿐"이라고 모질게 거절한다. 그러나 그로부터 6년의 세월이 지나 사촌 형제의 아내이자 성숙한 여인으로 거듭난 그녀를 본 순간 밀물처럼 밀려오는 후회와 그리움 앞에서 예브게니는 무너지고 만다. 그리고 진정한 사랑을 외면했던 그 시절의 변명을 스스로 증명하면서 "내 안에 타오르는 이 불길을 더 이상 이성으로 감당할 수 없다"고 편지를 보낸다.

이 영화는 러시아의 위대한 작가 푸슈킨의 운문소설 『예브게니 오네긴』을 극화한 것으로 영국 출신의 감독과 배우인 마사 파인즈, 랄프 파인즈 남매가 함께 만들었다. 지적인 고독과 음울한 분위기로 치자면 영국 배우 랄프 파인즈와 제레미 아이언즈가 으뜸이다. 특히 랄프 파인즈는 영화 〈잉글리시 페이션트〉(1996)에서 특유의 고독과 음울함, 풍부하고 예리한 표정과 눈길로 못다한 사랑과 슬픔을 표현한다. 줄리안 무어와 함께 했던 〈사랑의 슬픔 애수〉(1999)에서도 치명적인 운명과 같은 사랑에 몸부림치는 모리스 역할로 '글루미 로맨스'의 정수를 보여 준 바 있다.

영화 〈오네긴〉은 러시아 상트페테르부르크의 오만한 귀족 예브게니 오네긴의 삶을 따라간다. 파티 초대장이 밀려드는 이 화려한 도시에서 누구나 인정하는 한량으로 살아가는 오네긴. 하지만 그는 결코 행복하지 않다. 사랑을 믿지 못하기 때문이다. 타티아나의 사랑을 거절할 때 했던 말처럼, 그에게 "사랑이란 이성을 추락시키는 일로, 결혼이라는 제도와 책임감에 함몰되어 결국 지루한 삶으로 변해 결국 다른 여자를 탐하게 되는 진부한 감정일 뿐"이다. 삼촌의 죽음으로 상속받은 시골의 대영지에서 '별빛처럼 빛나던' 타티아나를 만나 전에 없던 감정을 느끼고 그녀의 고백까지 받지만 남자들의 내기와 순간의 쾌락에 빠져 지내던 그에게 깊은 슬픔과 고통을 수반한 진정한 사랑의 고백은 받아들이기 힘든 일이다. 그러나 불 속의 재로 변할 뻔했던 타티아나의 편지가 결국 6년의 세월 동안 그에게 남아 있었고, 이후 사랑의 불씨로 오네긴을 고통으로 몰아넣는다.

『이제, 사랑을 선택하라』(2002)의 저자 마샤 밀만 교수는 젊음과 시간이 영원할 걸로 착각하고 사랑을 자꾸만 회피하는 사람들의 어리석음을 경고하며 많은 실례를 들었는데 영화 〈오네긴〉도 그중에 하나왔다. 러시아 문학이 지닌 특유의 열정적이면서 냉소적인 인물들이 침묵과 편지로 전개하는 사랑의 불꽃은 견고하게 차려입은 그들의 화려한 의복 속에 숨겨져 있다.

러시아를 배경으로 하는 영화와 문학에서는 인물의 묘사만큼이나 주변 사물과 정경이 정치하게 기술된다. 가령, 스케이트를 타는 타티아나의 모습을 쫓아가는 오네긴의 눈길과 카메라의 거리가 긴장을 유지하다가, 갑자기 타티아나가 그에게 가까이 다가오자 카메라도 속도를 빨리해 거리를 좁힌다. 그러나 순간 외면하는 그녀의 차가운 시선과 더불어 절망하는 오네긴의 시선이 동시에 프레임에 들어오는 순간은 환상적이다.

오네긴은 농노제도를 반대하고 토지를 농민에게 소작시키려는 혁명적 사고를 지닌 젊은 귀족이며, 타티아나도 여러 종류의 문학을 통해 부당한 현실을 인식한 총명한 아가씨다. 그러나 이런 선구자적 태도에도 불구하고 사랑이라는 감정 앞에서는 두 사람 다 미성숙한 갈등과 결정을 할 수밖에 없다. 필사적으로 매달리는 오네긴에게 "너무 늦었다"며 울부짖는 타티아나. 두 사람은 사랑을 잃고서 젊은 시절 운명적 기회를 거부했던 대가를 이제야 치르게 된다. 타티아나의 유모가 촛농을 떨어뜨리는 점을 치면서 언니 올가와 그녀 모두 군인과 결혼한다고 예언한다. "운명은 거부할 수 없다"는 단호한 유모의 말처럼 그녀들은 사랑하는 남자를 잃고서 메마른 결혼 생활을 영위한다.

올가의 연인 블라디미르가 경솔하게 처신했던 오네긴을 용서하지 못해 결투 신청을 하고, 결국 총에 맞아 죽었을 때 분명 오네긴의 삶은 완전히 바뀐다. 사랑 대신에 고통과 번민을 벗 삼아 유랑했던 그가 다시 도시로 돌아왔을 때, 지인들은 한결같이 그가 변했다고 수군거린다. "마치 철학자 같은

분위기를 풍기네요." 블라디미르의 말대로 "교묘하게 위선적이었던" 오네
긴은 철학자처럼 번뇌가 깊어진 사람으로 변하는데, 이에 여인으로 성숙한
타티아나를 보는 순간 지난 인고의 세월이 한꺼번에 무너져 버린 것이다.

　톨스토이의 이성과 사랑이 푸슈킨의 주인공 오네긴이 보여 주는 치명
적인 감정과는 전혀 다른 차원일지도 모른다. 그러나 누구나 자기 내면
의 가장 깊은 곳에 자리 잡은 진리를 인식하지 못하고 시간을 잃
어버리는 일만큼 고통스러운 일은 없을 거라는 데 동의할 것이다.
또 하나, 톨스토이의 사랑과 이성은 늘 현재 중심이다. 따라서 우리가 과거
의 상처에 머무른다면 오네긴처럼 언제나 차가운 바람을 맞으면 살 수밖에
없다. 따스한 미래는 현재의 따스함에서 시작되리니, 오네긴의 까만 코트
자락이 태양빛에 따스해지기를 바라본다.

2008. 10. 31

오네긴
Onegin, 1999

개요 드라마 | 영국 | 106분

감독 마샤 피엔즈

출연 랄프 파인즈, 리브 타일러, 토비 스티븐스
레나 헤디, 마틴 도노반

제작 레슬리 스튜어트(Lesley Stewart)(제작
책임), 시몬 보산퀘(Simon Bosanquet)
(제작), 아이린 메셀(Ileen Maisel)(제작)

행복으로의 초대

〈바베트의 만찬〉

작년 생일에 지인으로부터 이탈리아산 와인을 선물받았다. 아! 한 모금 맛을 본 순간, 이름 모를 과일 향기가 입안에 감돌고 따스한 햇볕이 살짝 내려앉는 느낌이었다. 와인 한 잔에 식탁에 앉은 사람들의 얼굴에 미소가 피어오르고 가슴이 따뜻해졌다. 영화 〈바베트의 만찬〉(1987)에 초대받은 이들도 이런 경험을 할 수 있을 것이다. 덴마크 출신의 작가 이자크이데센의 단편을 바탕으로 만들어진 이 영화는 영·미아카데미를 비롯해 여러 영화제에서 그 진가를 인정받은 작품이다. 가끔 이렇게 유럽 분위기가 가득한 영화를 보고 나면, 생일날 맛본 와인처럼 마음이 환해진다.

100분 길이의 영화에서 전반부는 영화의 소재를 드러내고, 후반부 40여 분은 바베트가 갖가지 재료로 음식을 만들고 차려 내는 장면으로 구성된다. 주인공 두 자매의 부친은 목사로서 금욕과 절제라는 철저한 청교도의 삶을 제시하고 실천한다. 그래서 두 딸을 마음에 품은 청년들을 암묵적으로 쫓아내고, 딸들은 결혼을 하지 않은 채 검약한 생활과 자선을 베풀며 살아간다. 관객은 과연 그들이 올바른 삶을 살고 있는지 판단하고 분석하고픈 욕심이 생기지만, 살짝 마음을 놓으면 더욱 즐거워진다.

관객이 두 자매의 경건하지만 세속적 재미는 쏙 빠져 버린 생활에 초점을 맞추고, 무언가 변화를 바랄 때쯤 프랑스 여성 바베트가 등장한다. 영화는 그녀의 등장 시기를 정확히 1871년이라고 제시하는데, 이는 당시 프랑스 내 혼란한 역사를 뒤로 하고 덴마크로 이동했음을 확인시켜 준다. 그러나 영화는 여기에 어떤 역사적 층위를 얹기보다, 두 자매와 전혀 다른 문화적 배경을 갖춘 인물을 무심코 그들의 생활에 투입하고 나서 느릿느릿한 시간처럼 조금씩 변해 가는 사람들의 모습을 그려 낸다.

사랑과 평화를 입 안의 혀처럼 기도하고 노래하던 사람들은 차츰 그 일상성에 지쳐 간다. 기도 모임에서 서로에게 상처 주고, 욕하고, 헐뜯고 갈등이 발생한다. 이제 필리파의 노래나 피아노 연주도, 마르티나의 기도나 찬양 권유도 아무런 효력을 발휘하지 못한다. 언뜻 이 영화가 세속의 즐거움을 철저히 차단하고 바른 생활을 하는 두 자매의 삶을 가치의 전형으로 내세우는 것인가, 헷갈리기도 한다. 그러나 평범한 사람들의 갈등 상황이 전개되면서 정말로 원하는 삶의 태도와 방식은 다른 모습이 아닐까, 무언가 기대를 하게 된다. 가령 바베트가 복권에 당첨되었다는 소식을 전할 때, 관객도 마음의 밑바닥을 드러내며 갈림길에 선다. 이들은 앞으로 어떻게 될까?

결국 세 여성 중에 변화의 주체는 바베트다. 이제 영화의 중심은 바베트로 옮겨 가서, 그녀의 말과 행동이 어떤 식으로 펼쳐질지 관심이 집중된다. 솔직히 한 노인이 "하느님, 바베트를 보내 주셔서 감사합니다"라고 기도하는 장면은 희극적 느낌이 강하다. 그러나 그 기도는 바베트의 가치를 감지한 복선이다. 바베트는 살아 있는 여성으로 등장하지만, 보다 큰 상징으로 변할 수 있다. 바로 창조주처럼 세상에 무언가를 만들어 내는 힘이다. 두 자매와 마을 사람들은 그저 주어진 것을 똑같이 반복하기만 할 뿐, 다르게 생각하거나 행동하지 않는다. 가령, 매번 넙치와 맥주 빵으로 만든 죽을 먹고 똑같은 노래를 똑같은 표정으로 감흥 없이 부른다. 반면 바베트는 그들 눈에 악마의 잔치처럼 보였던 자연 재료로 맛있는 음식을 만들고, 사람들은 그것을 맛보면서 서로에게 잘못을 고백하고 축복을 보낸다. 일상성에 묻혀 있던 '사랑'이 생생한 가치로 변하는 순간이다.

만찬의 최대 수혜자는 누구일까. 마르티나의 첫사랑, 로렌스 장군은 "이 아름다운 세상에 불가능한 건 없다는 사실을 깨달았다"고 고백하며, 그의 사랑이 결코 거부 당하지 않고 영혼으로 살아 있음을 느낀다. 필리파의 첫사랑, 오페라 가수 파팽은 바베트의 추천 서한에서 늘 끝이라 생각했던 이 세상의 삶이 실은 필리파의 목소리를 들을 수 있는 천국을 예비한 지점에 불과했음을 토로한다. 마을 사람들도 밤하늘 아래 진심으로 가슴을 열고 노래를 부른다.

자, 이 모든 것을 가능케 한 것은 무엇인가? 바로 예술이다. 바베트는 이번 만찬에 복권 당첨금을 다 썼지만 "예술가는 결코 가난하지 않다. 자신이 할 수 있는 최선을 다하면 주변 사람들이 행복하다"고 담담하게 말한다. 신은 이 세상 최고의 예술가이다. 그의 예술로 세상이 탄생하고, 세상은 복잡 다양한 만물들이 희로애락의 삶을 살아간다. 행복이란, 창조주가 세상을 만들어 냈듯이 자신의 삶을 창조적으로 구성해 갈 때 발생한다. 바베트는 그 섭리를 알려 주기 위해 이들을 찾아왔던 것이다. 신의 섭리란…! 그렇다면 이 섭리를 종교적인 말씀이나 강령이 아니라, 흥미로운 소설로 만들어 감동을 준 것도 결국 작가의 예술적 창조력이다. 인간이 창조한 문화·예술은 인간의 삶을 행복으로 옮기려는 본연의 열정, 그 증거이다. 바베트를 만나 행복했으니, 우리의 삶도 예술이다.

2007. 9. 7

바베트의 만찬
Babette's Feast, 1987

개요 드라마 | 덴마크 | 102분
감독 가브리엘 악셀
출연 스테파니 오드런(바베트)
　　　버짓 페더스피엘(마티나)
　　　보딜 카이어(필리파)

시간과 마음의 기괴함

〈낯선 여인과의 하루〉

극장에 가서 영화 보는 일이 가벼운 일상이 되어 버린 요즈음. 즐겨 가는, 혹은 좋아하는 극장 하나쯤 있을 것이다. 신문로에 구세군 회관 쪽으로 올라오면 그 맞은편 흥국생명 본사 앞에서 설치미술 작가 조나단 보로프스키의 조형물, '망치질하는 남자'를 볼 수 있다. 이 건물 지하에 있는 극장에 들어가면 바깥세상과 철저히 분리된 느낌이 들어 오로지 영화에만 몰두할 수 있어 좋다. 수많은 멀티플렉스에서 절대 개봉하지 않는 소위 '예술 영화'들을 볼 수 있는 이곳. 영화 〈낯선 여인과의 하루〉(2005)도 여기 한 군데에서만 개봉했다.

한 여자와 남자가 결혼식장에서 이해할 듯 말 듯한 긴 대화를 주고받는다. 알고 보니 그들은 15년 전, 풋풋한 23살 젊은 시절에 서로 사랑하고 결혼하고 헤어졌던 커플이다. 이 영화는 듀얼 프레임, 분할 화면이라는 특이한 기법으로 1시간 20분을 내달린다. 그 기법의 효과로, 가령 두 사람이 같

주민아의 시네마 블루

은 테이블에 앉아 있음에도 화면에는 따로 앉아 있는 듯 보이기도 하고, 방금 지나간 얼굴 표정이 다른 각도에서 한 번 더 보여지기도 하고, 상대에게 보여 주지 않는 눈길과 손길이 화면 안에 지문처럼 등장한다.

이 기법은 과거와 현재라는 시간의 격차를 마치 절대 좁힐 수 없는 평행선처럼 보여 준다. 그리고 두 남녀의 마음속에 남은 추억과 현재 처한 현실과의 물리적 차이도 잊지 않는다. 많은 영화들에서 플래시백 등의 기법을 이용해서 과거로 거슬러 올라가는 감정의 흐름을 보여 준다. 짧은 순간이지만 잠시 시간을 이동시켜 현실을 완전히 단절시키고 온전히 과거 추억에 묻힐 수 있도록 배려해 주는 것이다. 그런데 이 영화는 그 배려를 거두고, 분할 화면을 통해 시간의 변화와 마음의 변화를 동시에 드러낸다. 그들은 때로는 유치한, 때로는 서글픈, 때로는 재치 있는 대화를 쉴새없이 이어가며 마음을 드러내려 한다. 그러나 정작 그들의 진심은 분할 화면 양쪽 모서리에 차오르는, 떨리는 눈빛과 흔들리는 몸짓으로 드러난다.

그에 따라 관객도 줄곧 생각한다. 과연 그들이 함께 하게 될까. 안 되겠지. 여자는 재혼했고, 남자는 애인이 있는데…. 관객의 마음도 이렇게 나뉘었는데, 하물며 당사자인 남녀의 마음이야 말해 무엇할까. 영화는 이렇게 둘로 갈라진 사람의 마음을 분할 화면이라는 형식으로 보여 주는 것뿐이다. 그리고 보니 영화는 우리의 마음을 이미 훔쳐보았단 말인가. 그들이 예정된 수순처럼 밟는 하룻밤의 짧은 사랑은 애절함이나 절박함이 아니라, 무언가 채워지지 못한 결핍의 몸짓이다. "우린 옛날에도…"라는 여자의 말은 과거를 빌려 현실을 채워 보려는 허술한 자기 연민이다. 선뜻 다가서지 못했던 남자가 여자에게 샴페인 잔을 들고 와 건네는 말도,

그 장면도 과거를 그대로 재현한 것뿐이다. 그들에게 과거가 없다면 이들의 대화와 몸짓은 아무 의미 없는 가짜 소통에 불과할 것이다.

하지만 만약 여기에 미래에 대한 일말의 여지가 있다면 달라질까. 남자는 여자에게 현재를 깨 버리고 자신에게 돌아오기를, 늙고 볼품없어지면 돌봐 주겠다고 소리친다. "난 너의 아름다웠던 시절을 알고 있으니 그런 것쯤 참아 줄 수 있다"고. 그래. 바로 이것이다. 이 두 사람의 슬픔과 결핍의 근본은 함께했던 그 젊고 아름다운 '시간'이다. 현실에서 남자는 15년 전 여자보다 더 어린 22살의 여대생을 애인으로 두었고, 여자는 존경받는 심장전문의와 함께 전처소생의 자식을 기르고 있다. 그들에게 꿈꿀 수 있는 미래, 솔직히 없다고 할 수 없다. 그런데 그 미래가 과연 그들의 과거와 같은 빛깔로 물들어, 이들의 결핍을 남김없이 채울 수 있을까.

여배우 헬레나 본햄 카터가 아니었다면 이렇게 메마르면서도 동시에 꽉 찬 역할을 할 수 없었을 것이다. 혹시 그녀를 모르는 사람이라도, 영화를 보면서 어렵지 않게 그녀의 분위기를 감지할 수 있다. 팀 버튼 감독의 아내라고 한다면 '아하! 그래서 그랬구나!' 하지 않을까. 그녀의 필모그래피가 그녀의 분위기를 만들어 내는 것인지, 아니면 그녀의 분위기가 그 영화들을 탄생시켰는지 이제는 모호하기만 하다. 근래에 〈빅 피시〉(2003)의 마녀로 나왔던 모습이나 〈유령 신부〉(2005)에서 유령 신부의 목소리 연기가 기억난다. 그녀의 몸짓과 목소리는 과거와 죽은 사랑, 그것이 바로 현실의 다른 이름임을 절실하게 보여 준다.

마지막, 그들이 따로 타고 가는 택시 안이 비로소 하나의 화면으로 합쳐지는 장면도 그 사실을 말해 준다. 친숙하지만 낯선, 시간과 마음의 기괴함. 인간의 운명이 아니겠는가.

2007. 9. 28

그들이 예정된 수순처럼 밟는 하룻밤의 짧은 사랑은
애절함이나 절박함이 아니라, 무언가 채워지지 못한 결핍의 몸짓이다.
"우린 옛날에도…"라는 여자의 말은 과거를 빌려 현실을 채워 보려는
허술한 자기 연민이다.

낯선 여인과의 하루 Conversations With Other Women, 2005

개요 멜로/로맨스 | 영국, 미국 | 83분
감독 한스 카노사
출연 헬레나 본햄 카터(여자)
아론 에크하트(남자)

절대 고독

〈엘리자베스〉

영문학 전공자라면 누구나 한 번은 볼 수밖에 없는 『노튼 영문학 개관』의 표지 주인공은 엘리자베스 여왕이다. 하얀 바탕에 작은 얼굴이 파묻힐 듯 목부터 발끝까지 풍선 드레스로 온몸을 감싸고 있는 이미지는 지금까지도 선명하다. 전 세계 군주들 중에 드라마틱한 삶을 살았던 사람은 또 있었겠으나, 후대 사람들은 유독 그녀를 드라마로 만드는 데 주저하지 않았다. 그녀의 삶은 한 인간이 어떻게 이 세상을 살아가야 하는지 보여 주는 거울이기 때문이다. 그런데 오늘 영화 〈엘리자베스〉(1999)를 보고 나서 남은 건, 결국 인간 삶의 무상이다. 인간이 내딛는 모든 과거의 발자국이 최종적으로 어디를 향해 갔는지 또 한 번 우리에게 절실히 다가온다.

절대 군주 엘리자베스는 작은 소망과 기쁨조차 함부로 누릴 권리를 빼앗긴 채, 평생을 마감했다. 오히려 전 유럽의 복잡한 정치 구조와 음모 속에서 내외부의 정적에게 암살당하지 않고, 순명을 할 수 있었던 게 신기할 정도다. 익히 알고 있었으나 얼마 전 읽은 어느 책에서도 엘리자베스가 목숨을 보전하기 위해 얼마나 자주 거처를 옮기는 등 힘든 현실을 살았는지 말해 주었다. 이미 말 많은 집안의 공주로 태어나 자연인으로 살 수 있는 권리를 박탈당한 것부터 순탄하지 않은 삶을 예고했으나, 그녀를 둘러싼 주변 요인들은 참으로 '정치적'일 수밖에 없었다. 아버지 헨리 8세가 엘리자베스의 모친 앤 불린과 결혼하기 위해 가톨릭과 인연을 끊었던 것은 한 개인의 욕망뿐 아니라, 한 나라 군주의 독립성과도 관련이 있다. 엘리자베스가 유난히 "나는 아버지의 딸이다"를 강조하면서 '남자의 심장을 가지길 바라는' 것도 결국 군주로서 독립적인 위치를 차지하려는 대의를 위해서다.

영화는 이런 대의명분과 개인적 욕망 사이에 낀, 한 인간의 삶을 매우 건조하고 적절한 시선으로 다룬다. 오히려 그녀의 평생 사랑이었던 레스터 백작 로버트 더들리가 '사랑하기 때문에' 음모에 휘말리고, 눈물을 흘리며 피폐한 목소리로 "이젠 죽여 달라"고 간청하는 모습이 과한 감정의 흐름으로 보일 정도다. 뻔히 결과를 알면서도 영화 보는 내내 어째서 로버트 경에게서 눈길을 뗄 수 없었을까? 불현듯 후대에 왕관을 내던지고 신대륙의 이혼녀와 결혼한 엘리자베스의 후손, 에드워드 8세 윈저공이 생각났기 때문이다. 문득 자연인으로 로버트 경과 결혼한 아름다운 공주, 엘리자베스 튜더를 떠올려 본다. 어떤 역사가는 엘리자베스가 절대 권력을 나누기 싫어서 로버트 경과 결혼하지 않았다고도 한다. 로버트 경이 이미 비밀 혼인을 한 유부남이었다고도 한다. 그러나 그의 혼인이나 반역 가담 사실과 무관하게 주변 상황을 보건대 여왕은 프랑스나 스페인, 러시아의 군주와 정략 결혼하여 나라를 지켰어야 했을 것이다. 조금 애매모호하지만 영화에서는 이런 상황에 빠진 그녀의 선택을 수월하기 해 주기 위한 배려의 차원에서 로버트 경이 하룻밤 새 유부남이 되어 나타난다.

신교도 화형, 반역자들 교수형, 끔찍한 전쟁터를 사실적으로 그려 낸 장면과 군주의 정치적 자주성을 서로 짜맞춰 보면 결국 종교와 정치의 불가사의한 공존과 갈등이 부각된다. 마지막 부분, 반역자를 처단하는 동안 성모상 앞에서 괴로워하던 엘리자베스가 이윽고 머리를 자르고 스스로를 'virgin'으로 규정하는 장면은 참으로 인상적이다. 신교도로서, 영국을 신교 국가로 만들기 위해 동정녀 마리아로 표상화된 구교를 제압하였으나 여왕 스스로 상징적인 동정녀가 됨으로써 잉글랜드의 마리아로 거듭난다.

흔히 외국인들에게 종교에 대해서 함부로 묻지 말라는 조언을 들었던 적 있을 것이다. 우리는 처음 사람을 만나면, 좋아하는 음식이나 영화를 물어보듯 종교가 무엇이냐고 묻는 걸 과히 이상하게 여기지 않았다. 그러나 이렇듯 박해와 살상을 통해 신앙을 지키고, 때론 그 신앙을 지키기 위해 암살과 음모를 자행한 역사를 지닌 서구인들에게 분명 종교는 우리와 다른 무언가가 있다.

배우들의 연기는 훌륭하다. 케이트 블란쳇은 이미지로만 봤던 엘리자베스 여왕과 너무나 비슷하여 놀라울 정도다. 조셉 파인즈가 연기한 로버트 경은 매우 현대적인 느낌이 든다. 그의 눈길은 같은 시대 16세기의 영국의 천재 작가(〈세익스피어 인 러브〉, 1998), 냉혹한 전쟁터의 소련 장교(〈에너미 앳 더 게이트〉, 2001), 16세기 베니스의 한량 청년(〈베니스의 상인〉,

2004), 어떤 모습으로도 변함없이 낭만적이다. 영국의 낭만은 이렇듯 고독

한 역사 위에 태어났단 말인가.

2007. 9. 21

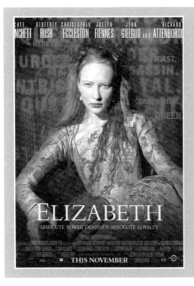

엘리자베스
Elizabeth, 1998

개요 드라마 | 영국, 인도 | 121분

감독 세자르 카푸르

출연 케이트 블란쳇(엘리자베스 1세)

제프리 러쉬(프란시스 월싱엄 경)

조셉 파인즈(로버트 더들리)

고전이 전하는 매력

〈제인 에어〉

뜻하지 않게 행운을 잡은 느낌이라고 할까. EBS를 통해 BBC가 제작한 드라마 〈제인 에어〉(2006)를 보았다. "내가 왜 신의 분노를 사면서까지 이 작은 여자를 아내로 삼으려고 했는지……." 로체스터가 분노와 사랑을 억제할 수 없어 내뱉는 대사가 눈과 마음을 사로잡았다. 어릴 적 문고판으로 『제인 에어』를 처음 접했고 영문학 공부를 하면서 새로운 시대적 감각으로 그 소설을 읽었고, 영화 〈제인 에어〉(1996)를 보면서 연신 감탄사를 내뱉곤 했다.

BBC 드라마는 원작 소설을 뛰어 넘는 탁월한 매력을 발산한다. 이미 〈오만과 편견〉(1995)을 통해서 영국 드라마가, 영국 소설을, 가장 영국적인 감각을 발휘하여 제대로 제작할 수 있다는 걸 경험했다. 〈오만과 편견〉, 〈제인 에어〉를 바탕으로 BBC 드라마의 특징을 말하자면, 무엇보다 BBC는 원작 소설의 인물과 배경, 그 스토리와 감성을 매우 디테일하게 연출한다. 크게 보면, 그것은 문화와 역사를 드라마로 응축해 낼 수 있는 문화적 자존심이다. 또 사회대중적 관점에서 보면, 19세기 한 여성의 성장과 사랑을 다룬 원작 소설이 현대 여성의 삶과 맞물리는 지점을 정확히 포착한 결과다.

내가 BBC 드라마에 열광하는 결정적인 이유는, 소설을 읽으면서 상상했던 분위기를 거의 똑같이 재현한다는 점이다. 〈오만과 편견〉을 보면서도 다아시와 엘리자베스의 세세한 감정의 선을 탄탄하게 유지하고 저택과 의상의 비주얼 효과를 극대화하는 연출에 놀랐다. 그런데 오늘 〈제인 에어〉을 보고 나니 다시 한 번 박수를 보내고 싶다. 특히 제인이 황무지를 방황하던 중 큰 바위 위에서 주의 기도를 올리는 장면은 그녀가 처한 복합적인 감정과 그 감정의 진행 상황을 절실하게 드러내 준다. 광활한 황토빛의 황무지 가장자리, 한쪽으로 깎아지른 절벽과 하늘뿐인 그 바위 위에 제인이 누워 있다. 이후 제인은 존의 청혼을 받고 아프리카에 같이 가야 할지 고민하면서 다시 그 바위 위에 앉는다. 그러자 마치 계시처럼 로체스터의 애절한 목소리가 들려온다.

냉정한 로체스터에게 처음으로 '있는 그대로의 모습을 인정받았던' 제인은 결혼식 당일, 그에게 버사라는 아내가 있음을 알고 충격을 받는다. 1996년 영화에서 제인 역을 맡았던 샬럿 갱스부르는 무표정하고 담담한 특유의 얼굴로 인해 제인의 암울하고 외로운 처지를 잘 표현한다. 나 또한 그 영화를 보면서 마치 소설 속의 제인이 튀쳐나온 것 같다는 생각을 했다. 그런데 중요한 건, 바로 제인의 다층적인 감정과 분위기의 변화를 이끄는 에너지다. 이런 면에서 BBC 드라마 속의 제인 역을 맡은 루스 윌슨은 앙다문 입과 뚜렷한 이목구비가 특징인데, 혼란스런 감정을 딛고 '독립적인' 여성으로서 성장해 가는 제인을 제대로 보여 준다. 그 의지와 개성이 얼마가 강했던지 그녀에게서 언뜻 '잔 다르크'의 이미지가 스쳐 가기도 한다.

영화 속 윌리엄 허트의 로체스터도 괜찮았다. 냉정을 가장하고 비밀을 간직한 듯한 그의 눈빛이 기억에 남는데, 크게 나무랄 데 없었지만 약간 허전한 느낌이 있었다. 그런데 오늘 BBC 드라마에서 로체스터 역을 맡은 토비 스티븐스를 보니 그게 무엇이었는지 알겠다. 토비 스티븐스를 보는 순간, 갑자기 베토벤이 떠올랐다. 그것 참, 이상한 일이다. 제인 역을 맡은 루스 윌슨에게서는 '잔 다르크', 토비 스티븐스에게서는 '베토벤'의 이미지를 받다니! 운명과 현실에 맞서 싸워야 했을 잔다르크와 베토벤. 그 두 인물의 이미지가 오늘 BBC 드라마 속의 제인과 로체스터를 둘러싸고 있다.

또 하나, 사소한 듯 보이는 내면의 긴장과 열정 속에서도 품격을 잃지 않는 주인공들의 모습이다. 시냇가 풀밭에 앉은 제인과 로체스터. 로체스터는 돌아온 제인에게 존의 청혼을 언급하며 투정을 부린다. 제인은 그의 속마음을 눈치 채고 일부러 애를 태우며 미소를 짓는다. 로체스터는 이제 두 눈이 멀어 앞을 볼 수 없다. 2만 파운드의 상속녀로, 독립적으로 성장한 숙녀로 돌아온 제인에게 그는 조심스럽게 청혼한다. 무겁고 암울한 성장의 고통을 깨고 이제 당당히 햇빛 찬란한 세상에 나온 새. 제인에게 이런 비유가 가장 잘 어울릴 것 같다.

이 장면은 힘든 사랑을 성공적으로 마무리한 두 사람의 풍성한 마음을 잘 표현해 준다. 이 사소한 대화가 진행되는 장면에서도 두 배우의 정교하고 세련된 연기는 계속된다. 이는 아메리카 대륙의 배우들은 절대로 흉내 내지 못할 영국적 분위기의 절정이라고 할 만하다.

모튼의 교회와 집과 언덕, 손필드 저택과 주변 자연 경관은 과연 영국 드라마만이 보여 줄 수 있는 멋진 모습이다. 특히 제인이 다시 손필드 저택으로 돌아와 까맣게 타 버린 저택을 보고 한동안 넋이 빠진 모습으로 앉아 있는 장면이 압권이다. 맑은 호수 옆, 푸른 잔디밭에 어린 양들이 한가로이 거닐고 양치기가 지난 이야기를 들려줄 때 카메라가 잡아내는 제인의 표정을 보라. 이 고요한 풍경을 배경으로 소란스러울 제인의 감정이 소리 없이 드러난다. 카메라는 손필드 저택을 후경으로 크게 잡아 한쪽으로 치우쳐 조용히 앉은 제인의 뒷모습을 하나의 프레임에 담아낸다.

소설 『제인 에어』(1848)는 포스트모던 시대에 들어와 페미니즘과 탈식민주의 등 영문학의 비평적 관점에서 자주 분석되는 작품이다. 로체스터가 대저택의 당당한 남자였을 때, 제인은 그의 상대가 되지 못하고 떠날 수밖에 없다. 한편 로체스터가 불타 버린 대저택에서 장님이 되어 있을 때, 비로소 제인은 그의 곁에 머물 수 있게 된다. 이때 제인은 2만 파운드의 상속녀이자 자신의 열정과 사랑을 스스로 실천하는 독립적인 여성으로 변해 있다. 부모도, 재산도, 배경도 없는 어린 여자가 사랑을 이루기 위해서 이토록 많은 비극을 겪어야 한단 말인가. 그리고 유럽 백인이 아닌 서인도 출신 흑발의 아내 버사는 그렇게 '미치광이'로 불리면서 죽어야 했단 말인가. 버사라는 여자의 입장에서 『제인 에어』를 다시 읽어 낸 진 리스의 『드넓은 사가소 바다』(1965)라는 소설도 있다.

둘의 사랑에 초점을 맞추면 아쉽고 모순도 많다. 여성의 사회적 계급과 지위가 불분명하고 취약했던 시대적 현실 속에 한 여자가 서 있다. 〈오만과 편견〉의 엘리자베스는 젊고 똑똑한 귀족 다아시의 부인으로 대영지의 안주인이 된다. 반면 제인은 나이도 많고 성치 못한 신사 로체스터의 부인으로 가문을 이끄는 여주인이 된다. BBC 드라마의 마지막 장면은 제인이 로체스터와 아이들, 주변 사람들을 함께 이끌고 나와 다같이 모여 액자틀 속의 이미지로 바뀌며 끝난다.

BBC 인터넷 사이트를 통해 확인해 보니 이 드라마는 BBC에서 2006년 9월과 10월에 4개의 에피소드로 방영되었고, 올해 1월 7일에 재방영하였다. 2월에 DVD가 출시될 것이라고 한다. 재미있는 일은 〈제인 에어〉의 속편 격으로 〈드넓은 사가소 바다〉도 BBC 드라마로 제작되어 〈제인 에어〉와 동시에 방영되었다는 점이다. BBC 드라마 〈제인 에어〉를 통해 다시 한 번 고전 소설의 재미와 영국적 분위기에 한껏 취할 수 있어 무척 행복하다. 이렇듯 고전이란 언제 만나더라도 새롭고 다양한 의미의 뿌리를 뻗어 신선한 물을 흡수할 수 있는 매력을 발산한다.

2007. 1. 21

제인 에어
Jane Eyre, 1996

개요 드라마, 멜로/로맨스 |
영국, 프랑스, 이탈리아 | 112분
감독 프랑코 제페렐리
출연 윌리엄 허트(로체스터)
샤롯 갱스부르(제인 에어)
조안 플로라이트(패어팩스 부인)
안나 파킨(어린 제인 에어)

당신의 크리스마스는?

〈러브 액츄얼리〉

예전 크리스마스를 더듬어 보니 직접 카드를 만들던 기억이 난다. 파스텔이나 사인펜 등으로 산타 할아버지가 굴뚝에 막 들어가는 모습을 정말 아마추어답게 그렸던 시절이 있었다. 어른이 된 후 크리스마스는 한 해를 마무리하면서 이것저것 생각할 게 많아지는 시간이라 딱히 즐겁지도, 그렇다고 침울하지도 않은 어정쩡한 감정이 들곤 한다.

영화 〈러브 액츄얼리〉(2003)는 〈브리짓 존스의 일기〉(2001), 〈노팅힐〉(1999) 등 영국 로맨틱 코미디의 전당 '워킹 타이틀'에서 야심 차게 준비한 순수 크리스마스용 영화다. 영화는 크리스마스 5주 전부터 한 달 뒤까지 다루고 있는데, 어쩐지 이맘때면 생각이 난다.

여러 가지 사랑의 유형이 등장하는데 무엇보다 비서 나탈리를 사랑하게 된 영국 총리 데이비드(휴 그랜트)가 떠오른다. 영국 BBC 무비 사이트는 휴 그랜트를 가리켜 "영국 최고 수출품 중의 하나"라고 평한다. 모성을 자극하는 미혼의 총리가 연모하는 그 비서에게 오만방자한 미국 대통령이 수작을 건다. 누구라도 알 법한 클린턴의 지퍼게이트를 풍자한 이 장면을 보면서, 왜 나탈리가 날씬하고 수려한 외모의 여성이 아니었는지 이해가 된다.

전 남자친구가 "허벅지가 나무둥치만한 여자를 좋아할 남자는 없다"고 했다지만, 나탈리는 미국 대통령도 위협하고 유머감각도 뛰어난 영국 총리의 연인이 된다. 미국 대통령은 인턴비서와 '부적절한 관계'를 맺지만 영국 총리는 비서와 공식적 사랑을 한다고 만천하게 공개하는 영국 코미디의 재치 있고 상큼한 매력을 엿볼 수 있다.

미국 대통령과의 기자회견 중 총리는 "영국은 미국이 볼 때 작은 나라지만 셰익스피어, 처칠, 비틀즈, 숀 코널리, 해리포터, 데이비드 베컴의 오른발이 있는 나라"임을 강조하며 분위기를 반전시킨다. 이런 점이 바로 영국 코미디가 가진 매력이다. 어느 순간, 마음의 빗장을 열어 젖히는 여유와 재치를 부릴 줄 알기 때문이다.

가장 슬픈 상황에 처한 커플은 사라(로라 리니)와 칼이다. 당사자도 알고 있는 사라의 짝사랑은 결국 이루어지지 않는다. 정신병을 앓고 있는 사라의 오빠는 무시로 전화를 걸어와 난데없는 이야기를 늘어놓는다. 돌봐줄 다른 가족이 없기 때문에, 어느 날 어렵게 데이트하게 된 칼과 결정적인 순간을 맞이하면서도 그 전화를 뿌리칠 수 없다. 칼과의 사이가 어긋나고 크리스마스에 산타 모자와 선물을 들고 오빠를 찾아가 포옹을 나누는 두 사람을 보면 코끝이 찡하다.

로라 리니는 이 영화의 주요 배역 중 유일한 미국 배우다. 영국 분위기와 배우들 틈에서 자못 더욱 영국적인 정서와 분위기를 풍겨, BBC 인터뷰를 보고 이 사실을 알았을 때 조금 놀랐다. 그녀가 어두운 사무실에서 서글픈 눈으로 전화를 받는 모습이 잊혀지지 않는다.

DVD의 '스페셜 피처: 삭제 장면'에 사라가 오빠와 어릴 적 크리스마스 기억을 나누는 장면이 나온다. 감독은 두 배우의 훌륭한 연기를 언급하며, 사라의 존재가 오빠에게 '한줄기 빛'임을 시사하는 장면이라고 찬사를 보내는데, 전적으로 동의한다.

삶이 "지옥 같다"는 오빠에게 "그 마음을 너무 잘 안다"며 함께 마음을 나누려는 여동생의 연민과 사랑. 이것은 인간이 내가 아닌 타인에게 줄 수 있는 가장 위대한 형태의 나눔이며 성탄절이 주는 본질적 의미이기도 하다.

아기 예수의 탄생 선물로 동방박사들이 건넨 몰약이 방부제로 미라를 만들 때 쓰는 것이라면, 이제 막 세상에 태어난 아기에게 죽음을 선물로 내민 것과 다르지 않다. 이는 내 몸을 나누어 핍박 받는 사람들에게 사랑과 구원의 메시지를 전달하려는 기독교적 의지이며 가톨릭의 성체 분배는 바로 이런 뜻을 형상화한 것이다. 자기 현실의 아픔을 숨기고 '지옥' 같은 삶을 살아가는 오빠를 기꺼이 받아들이는 사라의 밝은 눈빛과 오빠의 눈물 어린 눈가가 잔잔한 감동을 준다. 꼭 한 번 찾아보길 권한다.

영화는 히드로 공항 게이트를 열고 들어오는 사람들을 배경으로 흐르는 영국 총리의 내레이션으로 시작한다.

"사람들은 요즘 증오와 탐욕의 세상에 살고 있다고들 하지만 잘 살펴보면 사랑은 항상 어디에나 존재한다. 비록 위대하거나 뉴스거리가 될 정도는 아니지만, 가족과 부부, 연인과 친구 간의 사랑을 보라. 9·11 사태 당시 그 비행기에 탄 사람들의 통화 내용 중에 복수나 증오는 하나도 없었으며 전부 사랑의 메시지였다. 여러분들도 한 번 찾아보라. 사랑이 우리 주변에 늘 넘쳐흐르고 있음(Love actually is all around)을 알게 될 것이다."

그렇다. 크리스마스는 아픔과 상처에도 바로 그런 사랑을 간직한 기표다. 그래서 친구의 애인을 남몰래 흠모하던 남자가 "당신은 나한텐 완벽한 여자"라는 고백을 하고, 말도 통하지 않던 포르투갈 여인에게 대뜸 그간 배운 어설픈 포르투갈 말로 프러포즈를 하고, 공항 검색대를 냅다 뛰어들어가 좋아하는 여자애의 이름 한 번 부르고 붙잡혀 와도 미소를 짓고, 생사고락을 함께 해 온 뚱뚱한 매니저를 민망한 듯 포옹하며 등을 토닥일 수 있고, 잠깐 한눈을 판 남편에게 진실을 묻고 눈물을 흘릴 수도 있고….

당신의 크리스마스는 어떤 모습일까? 이 질문은 이런 뜻으로 환원될 수 있을 것 같다. "당신 삶의 고통과 사랑은 어떤 모습입니까?"

2006. 12. 19

주민아의 시네마 블루

당신의 크리스마스는 어떤 모습일까?

이 질문은 이런 뜻으로 환원될 수 있을 것 같다.

"당신 삶의 고통과 사랑은 어떤 모습입니까?"

러브 액츄얼리
Love Actually, 2003

개요 멜로, 드라마, 코미디 | 영국, 미국 | 135분

감독 리차드 커티스

출연 휴 그랜트(영국 수상), 콜린 퍼스(제이미)
리암 니슨(대니엘), 키이라 나이틀리(줄리엣)
엠마 톰슨(캐런), 알란 릭맨(해리)

수입 조이앤컨텐츠그룹

배급 (주)팝엔터테인먼트

Cinema Blue

기 억 을   이 기 지   못 한   시 네   블 루 스

영화를 보는 것은, 영화만 보는 것이 아니다. "보이지 않는 시간과 내면"도 본다. 번뜩이던 심상으로, 또는 빛나던 감성으로, 그도 아니면 몽롱한 우울에 주눅이 들어 본 영화도 매한가지다. 그렇게 영화를 보고 그 영화의 "보이지 않는 시간과 내면"을 잊지 않기 위해 쓴 글이다. 기억하고 기록하는 것은 고이 간직하는 것이다. 한 편의 영화를 보고 그 영화를 소중하게 간직하는 방식, 담담하지만 신랄한 자기고백이다. 『주민아의 시네마 블루』는 많은 이들이 환호하고 찬사를 아끼지 않은 영화보다는 그들의 눈길에서 비켜나 있는 영화에 관심을 기울인다. 한 컷에 오도카니 머물러 있는 영화에 다가가서, 영화를 조심스럽게 들춰보고 애틋하게 말을 걸고 혼신을 다해 귀를 기울인다. 그리하여 영화가 "마음의 지도"임을 단정한 글로 보여 준다. 주민아는 영문학을 양분으로 한 풍부한 고전 견문과 깊은 인문 소양, 해박한 영화 상식까지 겸비해 영화에 대한 글로 인간과 삶을 통찰한다.

　　　　　　　　　　　　　　　　　　　　　　ー조종국(『씨네21』 편집위원)

∾∾∾◦❧◦∾∾∾

영화는 소설과는 다르다. 눈길을 사로잡는 색채가 그러하고, 풍경과 등장인물의 눈빛, 어우러지는 음악이 그러하다. 더불어 그곳에는 가슴 깊은 곳을 건드리는 서사가 존재한다. 이러한 입체적 자극은 삶의 한 장면과 겹치면서 강렬한 한 순간을 남긴다. '기억을 이기지 못한 시네마'처럼 단번에 '추억'을 불러오는 스위치가 된다. 이 책에서 저자가 보여 주는 삶의 스위치는 '투명한 블루'다. 영화 속에 숨겨진 삶의 파편들을 푸른 보석으로 정제해 건져 올린 『주민아의 시네마 블루』는, 말 그대로 시린 푸른빛으로 다가와 우리네 삶을 고요히 투영시킨다. 그래서일까? 한 페이지 한 페이지를 넘길 때마다 이 책은, 무뎌진 가슴을 두드리는, 지금까지 우리가 잊고 있던 사랑스러운 슬픔을, 안타까움을, 삶이 가진 온기와 희망을 보여 준다. 만약 자신의 삶이 어딘가 공허하고 메말랐다고 느껴진다면 저자가 풀어놓은 '투명한 블루'에 잠겨 보는 것도 좋을 듯싶다.

―강선영(에디터, '휴먼라이브러리' 대표)

추천사

　　고등학교 시절의 그를 기억한다. 그는 나의 1년 선배였고, 가녀리지만 또렷한 목소리로 영어 발표문을 암송하던, 하얀 얼굴의 소녀였다. 소설 작품 속에서 막 걸어 나온 듯한 캐릭터로 느껴질 만큼, 그의 감성은 투명하고 섬세했다. 학교를 졸업하고 제법 오랜 세월이 지나고 나서 그를 만났을 때도 그 투명함은 여전했다. 오히려 글을 쓰고, 다듬고, 갈아 내는 과정에서 그의 투명함 역시 함께 연마되었던 듯했다. 그리고 그의 글을 읽었을 때, 그가 글 속에 자신을 온전히 싣는 방법을 터득했음을 알 수 있었다. 그에게 전화할 때 울리는 연결음은 10년째 홍콩 배우 유덕화의 조용한 읊조림이다. 이처럼 그는 한 번 빠진 사랑을 쉽게 물리지 못한다. 『주민아의 시네마 블루』는 그런 사랑으로 거쳐 온 영화의 기억 속에서 그의 투명한 감성으로 길어 낸 기록의 흔적들이다.

―탁재형(여행저널리스트, 『스피릿 로드』 저자)

봄의 노래는 어디 있는가? 아, 그 노래는 어디 있는가?
하지만 그건 생각하지 말라, 그대도 그대만의 노래가 있으니,
Where are the songs of spring? Ah, where are they?
Think of not of them, thou hast thy music too,—

(존 키츠 John Keats, 『가을에게 To Autumn』)

지난 늦은 봄, 그곳으로 보면 봄이 시작되던 어느 날, 영국령 맨섬의 더글러스 만이 환하게 내려다보이는 호텔 창가에서 해가 질 때를 기다리며 앉아 있었다. 저녁 5시면 작은 거리 대부분의 가게도 문을 닫는 이곳에서, 아직 오늘의 태양은 돌아갈 줄 모르고 수평선 즈음은 여전히 푸른 빛깔로 맴돌았다. 그러다 이내 바다를 닮은 푸른 전구에 작은 불이 켜지더니, 더글러스 만을 감싸고 초승달 모양으로 자리 잡은 하얀 건물들 사이로 깜빡이기 시작했다. 그렇게 첫날은 석양을 기다리던 나그네에게 외려 푸른 바닷빛깔 불빛을 선사해 주었다.

다음날, 거의 같은 시각, 더글러스 만에 촉촉히 비가 내렸다. 내일 이른 아침이면 이곳을 떠날 객에게 석양이 아닌 빗소리를 들려주다니. 야속함이

밀려왔다. 본래 여수(旅愁)의 맨 앞자리엔 언제나 아쉬움을 닮은 그리움이 서 있는 법. 이런 클리셰로 위안하려는 순간, 더글러스 만 위로 그야말로 클리셰처럼 높다란 무지개가 떠올랐다. 아직도 해가 지려면 1시간은 지나야 했다. 노을빛 대신 무지개 빛을 선물 받은 부푼 마음으로 오른쪽 작은 창을 바라보았다. 바다를 마주한 건물 쪽으로 더 크고 선명한 무지개 다리가 환하게 걸어가고 있었다.

그곳에서 돌아와 그때 무지개 사진을 열어 놓고 한참을 바라보았다. 그렇게 이레를 보내고 난 어느 밤, 다시 그 사진 앞에서 문득 이런 생각이 스쳤다.

미워하지 말자. 서운해하지도 말자. 오히려 미안해하자. 순간 순간 스치는 작은 기쁨이 그래도 행복이라면, 그날 저녁 저 무지개를 볼 수 있었다는 것만으로 얼마나 큰 기쁨이었나. 어느 주어진 시간과 공간 속에서, 찰나의 미소와 손짓으로 기뻐했으니 그것으로 되었다. 나는 그때 다른 무엇도 아니지만 숨 쉬며 살아있었다. 유한한 삶 속에서 이국의 풍경이 주는 절창을 들을 수 있었다면 그것으로 족하다. 허나 비록 찰나일지라도 극히 행복한 순간이 찾아들면 슬픈 정념이 슬금슬금 찾아오는 걸 막을 힘이 내겐 없다. 필멸의 인간이 지닌 뼛속 정서가 바로 슬픔 아니던가.

주민아의 시네마 블루

그날 저녁 내 곁엔, 여행 내내 괴롭히던 관대하지 못한 마음과 이해할 수 없는 심정이 오래된 나뭇등걸처럼 단단하게 박혀 있었다. 마치 영화 속 도로시와 영화 밖 주디 갈런드의 극명한 삶처럼, 그 생경한 등걸은 푸른 조명 아래 짙은 그림자를 드리웠다. 이제 되돌아보니 그저 사람의 일에 묻혀 잠시 사람의 기본을 잊은 탓이었다. 소금기를 머금은 바람 사이로 들려오던 키츠의 노래를 애써 외면한 탓이었다. 어쩌면 수전 손택의 말처럼 예술로 재현된 영화와 시를 이해할 때엔 훨씬 보편적이고 차이를 존중하려 하지만, 정작 내 삶에 대해선 말할 수 없이 편협하고 촌스러워지는 걸 그만 인정해야겠다.

런던 중심가에서 떨어진 푸른 숲 속의 '키츠 하우스'에서 만났던 존 키츠. 시인이 되려 했고, 시를 썼고, 시인으로 25년을 살다가 시처럼 세상을 떠난 그에게 그만의 노래가 남았으니 어쩌면 그는 가장 행복한 시인이다. 그런 그가 생전에 미리 준비했던 묘비 문구는 "물로써 이름 새긴 한 사람 여기 잠들다(Here lies one whose name was writ in water)"였다. 덧없는 삶, 아무것도 아닌 한 남자가 살았다고 비탄한 키츠에게도 석양이, 무지개가, 미움이, 옹졸함이, 이기심이, 무엇보다 사랑과 죽음이 한결같이 존재했다. 다른 무엇도 아니지만 살아있음으로 해서!

"그들도 살아있기에 시를 쓰고 영화를 찍고, 나도 살아있기에 시를 읽고 영화를 본다. 그렇다면 이런 글을 하나씩 남길 때마다 삶에 더욱 가까이 가는 것일까, 아니면 삶에서 조금씩 멀어지고 있는 것일까."

어쩌면 키츠는 답하겠지.

그건 생각하지 말라. 그대도 그대만의 노래가 있으니!

2015년 6월
블루, 그 불멸의 노래 앞에서
주민아

주민아의 시네마 블루
기억을 이기지 못한 시네 블루스

© 주민아, 2015

1판 1쇄 인쇄__2015년 08월 21일
1판 1쇄 발행__2015년 08월 31일

지은이__주민아
펴낸이__양정섭

펴낸곳__작가와비평
　　　　등록__제 2010-000013호
　　　　블로그__http://wekorea.tistory.com
　　　　이메일__mykorea01@naver.com

공급처__(주)글로벌콘텐츠출판그룹
　　　　대표__홍정표 **디자인**__김미미 **편집**__김현열 송은주 **기획·마케팅**__노경민 **경영지원**__안선영
　　　　주소__서울특별시 강동구 천중로 196 정일빌딩 401호 **전화**__02-488-3280 **팩스**__02-488-3281
　　　　홈페이지__www.gcbook.co.kr

값 12,000원
ISBN 979-11-5592-153-1 03680